Mr Martin le 19-6-97

DERNIER AVIS AVANT LA FIN DU MONDE

« Paroles vives »

DU MÊME AUTEUR

Moriturus
Denoël, 1971

Ballade pour un père
Ramsay, 1980

La Morale et la Médecine
Nathan, 1980

Médecine et secours d'urgence
coll. « Que sais-je? », P.U.F., 1979

Médecins sans frontières
Dans leur salle d'attente :
deux milliards d'hommes
Chêne/Hachette, 1982

Sahel, l'homme en détresse
Photographies de Sebastião Salgado
Introduction de Jean Lacouture
Prisma Presse, 1986

Au vent du monde
Flammarion, 1990

Les Prédateurs de l'action humanitaire
Albin Michel, 1991

Xavier Emmanuelli

DERNIER AVIS AVANT LA FIN DU MONDE

Albin Michel

Albin Michel
▪ *Spiritualités* ▪

Collections dirigées
par Jean Mouttapa et Marc de Smedt

ISBN 2-226-07498-8

Cet essai est dédié à tous ceux qui m'ont porté dans l'aventure du SAMU social :

A Dominique Versini évidemment.

A l'irremplaçable équipe du CHAPSA et au personnel du CASH qui m'a accompagné.

Aux médecins de ma « bande » qui se sont impliqués bénévolement sans compter leur temps, depuis le début.

A toutes les infirmières, infirmiers, chauffeurs, administratifs, volontaires ou détachés qui se sont lancés dans cette action.

Ainsi qu'aux institutionnels ou privés sans lesquels rien n'aurait été possible.

Au maire de Paris surtout, M. Jacques Chirac, qui a voulu et permis que le SAMU social existe.

1

Christ aux outrages

QUAND j'ouvre la porte de la petite salle, les têtes ruinées se tournent vers moi, et les regards exténués ajustent leur vision à mon intrusion. Quelques-uns qui m'attendaient tentent des phrases hachées éclatant de mots spasmodiques, tandis qu'une odeur grise s'installe comme une mare.

Ils sont vêtus d'un pyjama marron, un deux-pièces de jean informe, usé d'avoir été tant de fois lavé, jamais à leur taille, noué d'une ficelle, et trop petit ou mal ajusté, bâillant sur des chairs blêmes qui témoigneront, mieux que leurs paroles, de leur condition. Des cheveux et des barbes ébouriffés masquent les traits moins anonymes des habitués, et ce n'est souvent qu'après le rasage pour épouillage qu'on voit un noyé anonyme revenir à son masque familier.

Les femmes, tondues ou aux cheveux filasses, parfois dans leur ample robe bleue, parfois dans leurs habits jaune-brun, sourient de leur bouche édentée, en une atroce séduction pour bénéficier de qui sait quel passe-droit, crient leur révolte ou crient leur détresse d'avoir été confinées dans une attente indue.

Les jours de pluie, ils s'entassent, debout tant ils sont nombreux, pleins de la résignation stupéfiante des troupeaux, attendent dans le silence que le temps s'écoule, que les heures passent, qu'il leur soit à nouveau permis de ressortir sans se mouiller, et vaquent lentement dans la cour.

Mais ceux qui ont demandé à me voir attendent sans protester sur leur chaise, ou debout, parfois affalés, somnolents, ou fumant, lisant quelque livre de poche, tissant au fil des heures une lourde ambiance de cagna, faite de mégots qui s'accumulent, de vieux papiers, de chiffons et d'autres débris, journaux ou enveloppes de médicaments. Parfois un cri ou des coups tapés à la porte du bureau mitoyen où je consulte rompent la résignation. C'est là la manière des toxicos revendicatifs, ou des alcoolos en manque, ici qualifiés de « pré-DT [1] », avec leur bloblotte, qui réclament leur Équanil – ou bien alors des grands psychotiques qui transgressent sans le savoir l'usage tacite du lieu, sous l'œil indifférent de leurs voisins.

Une fois, un grand Américain crasseux emmené par un compagnon de déroute a échoué là, avec sa guitare. Toute la matinée il a joué des chansons de route en chantant à tue-tête, sans entraîner l'adhésion des autres, ni d'ailleurs la moindre réaction de mécontentement. Et quand est venu son tour, il est entré, costaud frisé et barbu, couvert de vermine et de lésions de grattage suintantes, il a montré les stigmates de la route qui se fait toujours seul – à ras de terre – dans les détritus... Il est reparti avec ses antibiotiques et ses pommades. On ne l'a plus revu.

Quand les « clients » entrent, ils attendent encore. Jamais ils ne parlent les premiers. C'est toujours moi qui vais à la rencontre de bribes d'information pour bâtir mon enquête, tout en sachant que les racines de leur mal sont profondes et multiples, et qu'il faudrait des heures et des heures, et bien d'autres entrevues, pour remonter toute la pathologie.

Pour ceux qui ont pris leur douche et qui vont donc rester la journée ou la nuit, l'examen est plus facile, car la peau parle spontanément, de toutes ses cicatrices, de tous ses trous, ses tatouages, de toutes ses lésions. Mais avec ceux qui, passant par l'autre entrée, ne se sont pas douchés, il faut affronter l'épluchage, couche après couche, de tous les oripeaux, pour parvenir à la peau de la peau, l'ultime sous-vêtement souillé de façon immonde, sorte d'enveloppe secrète de l'épiderme. Une odeur féroce saute alors de ces hardes, enlevées l'une après l'autre, à en capter tout l'oxygène, à faire hoqueter, à n'en pas finir l'inspiration, à ouvrir grand portes et fenêtres, mais qu'il faut affronter pour apprivoiser la rencontre. Odeur des excrétions, des liquides organiques, des sueurs et des crasses, mais odeur archaïque de la mort, de la chair fade qui commence à se déliter... Elle parle pour eux. Je n'en serai délivré tout à l'heure que par la bombe aérosol – moi qui ne fume pas, et n'ai donc pas d'odeur de rechange pour me protéger – mais pour l'instant elle s'étale dans la petite pièce, fidèle accompagnatrice de leur chute.

Sûre de son emprise, elle stagne entre nous et peut se faire plus immonde encore, plus violente et répugnante, à vomir en jet, quand parfois on se met à défaire sur leurs jambes de vieux pansements oubliés; c'est l'odeur interdite, celle qui doit demeurer sous la terre et dans les tombeaux, celle des chairs informes dégoulinant en beurres putrides, dans leur armada de vers tout à coup révélés. Ils se tordent par terre dans les compresses noires et raides d'humeurs, même les pansements dans la poubelle puent le pyocyanique ou l'anaérobie, odeur des charniers et des décompositions. C'est la violence même de l'air autour de telles lésions qui est l'agression – l'arme ultime de ceux qui n'ont rien à leur disposition, pour vous dire merde, que vous le faire humer sans parler.

Entre eux et l'administration, le médecin, le travailleur social et le monde en général, omniprésent, l'alcool.

Quand un malade entre dans le cabinet de consultation, il y a, il y aura toujours ce silence, cette absence tenace et récurrente, en filigrane derrière tout ce qui se dira et se montrera, inexprimable tant il est implicite, le vin, l'alcool, le rhum...

Ils entrent en tremblant à petits pas précautionneux, mal ajustés, la voix nasillarde et le mot égrené en mâchonnements, les traits affaissés et l'œil terrassé, et montrent leur désastre : les chefs-d'œuvre de l'alcool, ulcères, hépatites, polynévrites, insomnies et sueurs, sommeil comateux. Ils racontent ce qu'ils connaissent, ânonnant les mots des docteurs, exposant leur diagnostic. Les artérites, lésions cardiaques et neurologiques, les toux, bronchites et tuberculoses, c'est toujours l'alcool et le tabac, avec... quoi d'autre? Seule et unique consolation, ce liquide de mort usera la réalité, atténuera la douleur, l'immense peine de vivre, et rendra tolérable leur condition.

Pourtant le mot n'est pas prononcé, sinon par dérision : la bouteille entière est une « betterave », et la demie une « majorette », gros légume ou jeune fille en fleur. Ces vocables déclenchent sur les masques ravagés des sourires de connivence et de contentement : le même argot du même pays.

Chaque jour, l'équipe est appelée ici ou là, au dortoir, au réfectoire, dans un coin de cour, pour une crise d'épilepsie à cause du manque. L'homme couché sur le côté, à même le sol, dans ses morves et vomissures, s'agite en automate dans son inconscience spasmodique, dans le désert réglementaire créé par l'aridité du lieu. L'organisme réclame son alcool et terrasse en convulsions le malheureux déserteur. Un Valium pour éviter l'état de mal épileptique, et l'indication sans illusion d'un Gardénal déjà prescrit à vie... Le malade se débat dans d'ultimes clapotements de jambes, de pieds, d'épaules et de paupières, dans les tics saccadés du visage et les ronflements irréguliers d'une bouche obstruée par une langue violette, devenue trop grosse, avec ses bulles, les sécrétions souillant la barbe...

La respiration syncopée d'un coma d'après-crise commençant à s'installer et cherchant son rythme signe le calme revenu, puis la remontée étonnée vers le réel. L'indifférence des voisins dans le moutonnement du matin... Ici... Chacun sa vie, l'épilepsie gît sur le pavé, un banal accident de parcours en somme, un aléa de l'alcool. Ce n'est pas si grave, après tout, ça va passer, même si en tombant on s'est éclaté le front ou le nez et que le sang rouge se dilue dans la petite flaque d'eau, dernier vestige du lavage de l'aube.

Parfois aussi, dans l'inquiétude on montre les mains, elles tremblent et tremblent, le malade est en sueur et sans repos. Il tourne et tourne, éternue et réclame son Équanil. Un protocole thérapeutique à base de sérum, de vitamine B et de calmant permet de dompter le manque, mais il faut souvent plus... jusqu'à l'envoi aux urgences, si le delirium s'annonce.

Dans la plupart des cas, le problème est du ressort des infirmières; ce sont ces immenses ulcères de jambe, ces macérations de pied appelées par les anciens « pied de vagabond »; la jambe montre d'étonnantes lésions monstres, caricatures des modèles de cire des musées dermatologiques. C'est la face cachée de la lune, pleine de cratères, de rougeurs, de remaniements, une jambe nouvelle, objet d'un invraisemblable remodelage, suintant des couleurs de la chair boursouflée et éclatée jusqu'à l'aponévrose, jusqu'au muscle, exposant toutes les nuances de la mortification, violet, blanc, noir nécrose ou rougeoyante excavation sur lave jaune-vert. La mort! la mort ici exprimée : le langage populaire entrevu dans un vertige : « J'ai un pied dans la tombe... » J'ai arraché de la terre, pour vous le montrer, mon pied déjà putréfié qui me faisait m'enfoncer dans les marais de la digestion de la vie et de l'oubli... Je regarde, incrédule, l'épluchage des plaies, cette patience de fourmi de la jeune infirmière travaillant au fond du gisement d'odeurs, avec la lente obstination de l'experte.

Sur le fauteuil voisin, un autre gueux trempe ses pieds dans le pédiluve, doucement traité par une infirmière différente.

Quand j'arrive le matin, toutes sont déjà à l'œuvre, retrouvent les gestes sortis de la Bible, « le lavement des pieds » qui consiste à les frotter, les nettoyer avec un tissu, les sécher, les panser dans ces bassins chromés au design de l'autre saison, du temps où l'on savait faire des gestes de dévouement et d'attention, faute de mieux... comme ils sont faits ici, enveloppés de paroles rassurantes...

Elles sont donc revenues du siècle dernier, ces drôles de cuvettes avec leurs bords et leur pente, et les infirmières penchées au-dessus murmurent leurs mots de compassion, tenant dans leurs mains pour des pansements immaculés des pieds de miséreux venus eux aussi de si loin.

Le voici, intemporel, touché, oint, baigné, palpé, séché, l'homme des grands chemins, et il regarde le vide au-dessus de la chevelure de la jeune femme qui s'obstine pieusement, lentement, précautionneusement, de ses doigts compétents, à éplucher ces vilaines blessures, ces mycoses et brûlures d'un autre âge. Les lésions terribles voisinent avec les eczémas et psoriasis si fréquents, et les multiples atteintes des poux et des gales sont surinfectées d'avoir trop vieilli, d'avoir trop été grattées, de s'être largement aggravées.

La séance d'épouillage fait tomber cheveux et barbe, et l'on découvre en une manière de résurrection, couverts de pustules, des habitués disparus livrant petit à petit un visage connu, sorti de l'anonymat hirsute du commun des pauvres et des errants. C'est le retour frileux et nu de l'enfant prodigue, accueilli à demi grelottant dans la chaleur des retrouvailles. On grille une cigarette ou l'on offre un café, parlant des uns, des autres, bribes de nouvelles des compagnons de galère, dispersés, disparus, hospitalisés ou morts...

Les corps sont bien tourmentés. Les pâles traces blanches témoignent de dix opérations, dix cicatrisations, dix balafres, abdominale, le long des cuisses, le long des flancs... Des chirurgiens ont travaillé à réparer et réunir des os brisés, à changer des artères bouchées, ôter un estomac hémorragique ou pratiquer quelque lobectomie pulmonaire pour des abcès qui n'en finissaient plus de traîner. Et puis les coups de couteau, les traumatismes divers et multiples, réparés certes, mais rendus trop tôt à la rue. Toutes ces béquilles et ces cannes racontent le bricolage précipité, sans kinésithérapeute, sans les rééducations et les massages, pour libérer un lit occupé, indûment semblait-il, par un organisme qui n'en avait pas totalement le droit... Voilà pourquoi ils boitent et, comme le dit leur nom, clopinent et vont à « cloche »-pied – à cause de ces maux alluviaux, incident après incident, fracture après entorse, et cela sans compter leur polynévrite bien sûr.

La rue est une jungle féroce. Dans des temps pas si éloignés que cela, les vagabonds dénichaient encore des petits coins où se poser, dormir et cuver leur vinasse. On les trouvait alors folkloriques, pittoresques et débonnaires. Il y avait des installations sanitaires populaires pour qui en manifestait le désir, bains-douches de quartier ou pissotières et cabinets municipaux, infects sans doute, mais possibles et fréquentables. L'esthétique des villes nouvelles ne le permet plus, et les petits édicules, transformés en « mobilier urbain », sont devenus payants. L'espace de la ville n'a plus de mail, plus de flâneries, plus de cours ni de places, des vigiles quadrillent les dalles et les recoins... Dans le métro, les bancs sont devenus des cuvettes individuelles, voire de simples barres où appuyer les fesses – mais à aucun prix, sous aucun prétexte, un lieu de repos. Il faut donc circuler et marcher... Les vagabonds, pourchassés par d'autres plus déterminés, ou par des vigiles en uniforme, à gros *rangers* et chiens féroces, sont parfois rattrapés! A la consultation, on voit alors les visages gonflés et luisants de brûlures par gaz lacrymogène, les marques des crocs, les innombrables hématomes, les yeux au beurre noir. Les radios pulmonaires, proposées systématiquement, montrent toujours des fractures de côtes nouvelles; anciennes, elles sont consolidées en gros cals boursouflés.

Les yeux des soignants pleurent, on tousse et on

éternue quand l'un de ces gazés entre dans le bureau. Ses habits sont imprégnés d'une odeur piquante et acidulée qui colle à tout ce que l'on touche. Ce sont les restes des aérosols de l'agression; on le change, on le lave, et après bilan des brûlures, on le panse et on l'adresse à l'ophtalmo.

L'hiver, bon nombre de ces misérables sont ramassés en hypothermie; la température du corps est tombée largement en dessous de la norme après une longue station dehors ou dans les endroits venteux. Ils peuvent mourir s'ils ne sont pas réchauffés progressivement, et quand ils sont à nouveau sur pied, ils repartent bien vite pour une autre précarité, pour une autre fuite. Ou alors ils viennent littéralement « toastés », le corps balafré de brûlures profondes en raies droites et parallèles; c'est la station prolongée sur les grilles de métro, sur les bouches de chaleur qui se sont transformées en gril humain pour les errants de l'hiver... Parfois le coma profond de l'alcool les fait s'assoupir des heures entières, d'un sommeil épais, et les membres comprimés entre le corps et le sol, ne recevant plus assez d'oxygène, s'engourdissent, et on aboutit à des lésions d'écrasement pouvant conduire à la paralysie... un désastre supplémentaire pour le corps aux abois.

Mais la vie de clochard, c'est la traque. Agressé pour un billet, pour un litre ou pour rien du tout, simple exercice, par de jeunes barbares qui essaient leur volonté de puissance sur les vagabonds, il reçoit, sans comprendre et sans se souvenir, les poings qui vont marquer sa peau, et encaisse les coups de pied ou les balafres au cutter, tatouages sanglants d'une croix gammée ou d'une étoile de David gravées à même la peau, graffitis obsédants de haine.

Dans ces conditions, l'alcool est une bénédiction. Il dilue le réel et démaille l'espace et le temps. Il sépare de sa lignée de catastrophe le misérable poursuivi et ne laisse de l'être qu'un moment, ici et maintenant, sans passé, sans futur, sans projet, sans connaissance du moi et sans lendemain.

Si l'alcool est une grâce, il est aussi un baume, il transforme la sensation d'exister en un sentiment océanique neutre, dilué, statique, et déconnecte du monde, le temps de son effet. Puis les coups pleuvent, sont ressentis à nouveau, et la misère recommence... et donc recommence l'alcool, son corollaire. A la longue, la personnalité s'atténue, et si l'on cherche à reconstituer l'histoire, une histoire d'échecs et de malheurs, le malade vous raconte une biographie linéaire, celle qu'il imagine que vous serez ravi d'entendre, celle, tragique et puérile, d'une fracture extrême dans son parcours affectif, la perte brutale de sa femme et de ses enfants dans un accident de voiture – mythe moderne – qui serait à l'origine la cause première de sa chute. Ce stéréotype traîne dans toutes les salles d'attente des dispensaires et des assistantes sociales, s'ennoblit dans les salles de rédaction lors des reportages sur les SDF, mais n'est guère plausible. Il masque l'échec dès l'enfance, dès l'origine, et garde secret le chemin de misère des gens de peu. De si peu qu'ils portent souvent des noms-prénoms, comme ceux de l'Assistance publique :

M. Thomas, M. Jacqueline, M. Henry ou Hervé, ou bien ceux de la saison : M. Janvier, Jules Avril, Alain d'Août, ou bien encore ceux du corps : Louis Bosse, Henri Cornu, Alain Petit, Jean Legrand, Yves Legros, Lelong, Lecourt et autres Legras... ou des métiers : Boulanger, Puisatier, Farine, ou d'autres encore plus explicites : M. Glaise, M. La Bouse... pour ce qui concerne les Français, les métropolitains, cela s'entend. Les petites gens n'ont pas même un nom propre, et c'est pourquoi ils se fabriquent une histoire.

Et quand ils se meuvent en clopinant, souvent mutilés d'un bras, d'une main, d'une jambe, greffés et tatoués, ils montrent ainsi qu'un jour ils ont revendiqué, qu'ils ont tenté d'être, de s'exprimer avant que, vaincus, ils n'acceptent d'être versés dans le terme générique de « clochard », dans l'espace commun, pour être pris en compte par les âmes charitables – elles qui ne peuvent les aborder qu'en tant qu'ils sont des victimes.

Or une victime n'est plus un homme, elle est hors du droit commun, hors de l'institution, une victime n'a pas de destin, d'existence ou de devenir, une victime est une souffrance, une vie pleine de malheur et offerte par l'injustice à la compassion. Une victime est identifiable, racontable et montrable à la télévision. C'est tout ce qu'on veut sauf quelqu'un d'humain. C'est un objet, un autre, un pauvre!

Et donc ce pauvre appartient à une autre race, à une étrange tribu, celle des parias aux mœurs exotiques et puantes, qui mendient pour vivre : « à la rencontre » aux feux rouges ou dans le métro, « à la tape-cul » ou « à la renverse » en statique le long des murs, « à la priante » à la sortie de la messe en embuscade. Ces hommes-monstres ne peuvent aller au cinéma, au café, au restaurant, car ils sont trop moches et trop odorants. Ils ne peuvent pas se faire soigner, aucun médecin ne pourrait accepter, dans sa salle d'attente, l'un d'entre eux, sous peine de faillite immédiate. Les services d'urgence ne les supportent que s'ils « sont » une plaie, une fracture, une perte de connaissance, enfin quelque chose qui se diagnostique aisément et qui porte un nom. L'hôpital répugne à les garder – trop caractériels, non assurés sociaux, trop différents, trop compliqués... Ils sentent la mort, cette caste d'intouchables, et sont tous semblables. Rien d'étonnant alors s'ils ne se regardent pas, si les miroirs des centres d'accueil ont le tain piqueté, sont couverts d'éclaboussures de dentifrice et de mousse à raser, ou pire encore... Ils n'ont rien à réfléchir, sinon des visages ravagés, ridés, gris, édentés, qui ne disent rien de particulier car ils sont interchangeables. La chair maladive, la traque les ont uniformisés.

Pourtant ils crèvent les siècles. Ils défilent sans leurs crécelles désormais, en habits gris, en hordes claudicantes, livrés aux bonnes œuvres, et si l'institution les rejette, c'est qu'ils n'ont pas, qu'ils ne peuvent avoir – ce serait pourtant la condition du rachat – de projet de réinsertion... Et sans « ré »-insertion, que peut-on faire pour eux? Rien, sinon les livrer à la charité publique, à l'espace du cœur, aux gens dont c'est la justification, la carte de visite, la mission explicite et remarquable.

Quand le car de la police les déverse à l'entrée du Centre, qu'ils sortent en titubant, voire s'écroulent en grappes grotesques, avant de se remettre sur leurs pattes pour aller se faire enregistrer, abandonner leurs vêtements et passer à la douche, c'est alors que notre équipe repère sur les corps martyrs les lésions actives, pour les diriger vers la consultation. Car venant d'eux, il n'y a jamais de demande; ils ont depuis trop longtemps renoncé à voir le médecin. Ce n'est pas qu'ils ne sentent plus la douleur. Mais sachant qu'il n'y aura pas de réponse s'ils se plaignent, ils finissent par l'intégrer et nier même l'existence de ce qui les fait souffrir, et par dire en quelque sorte aux monstrueuses lésions : « Ma jambe me fait mal, mais ce n'est pas ma jambe, c'est simplement cette chose qui me porte et me fait marcher, elle a mal mais ce n'est pas ma douleur... »

Une nuit, tandis que la cohorte des gueux ramassée dans Paris était livrée à l'asile précaire du Centre, j'ai reconnu M. Blaise, cet homme malingre, poignant, couvert de cicatrices, au nez cassé, au visage martelé par toute une vie de coups... C'était un familier de la consultation, pour une ostéite. Mais chaque fois que l'on parlait d'hospitalisation, il disparaissait furtivement. Pourtant, il devait demander quelque chose, car il se faisait toujours reprendre... Alcoolique profond, il en était devenu incontinent et, malgré les douches et les changes, était entouré en permanence d'une odeur d'urine tenace... Et voici que ce soir il était là, profondément saoul, soutenu par deux compagnons parfaitement ivres également. J'étais content de le revoir, et je voulus l'aborder. En le suivant, je m'aperçus qu'il chiait en marchant. Au dépôt sonore, où dans les cris, les ordres et les protestations sont enregistrés les arrivants, je le perdis de vue, cherchant à reconnaître d'autres familiers, tandis qu'une buée venue des douches envahissait le fond de la pièce. Tout à coup je Le vis dans la vapeur – c'était Lui, tel que les peintres l'ont représenté depuis toujours, avec son visage barbu et ses yeux pathétiques, le nez cassé et les cheveux collés. C'était M. Blaise et c'était aussi le Christ montant au calvaire pour sa Passion, regardant la foule vociférante. Il représentait toute la misère des plus petits, des plus démunis, des plus abandonnés. Il était là, masque de douleur des milliers et des milliers de fois représenté par tous les artistes de tous les temps qui interrogèrent en son nom la mort, la douleur et le destin – on ne pouvait s'y tromper. Il avait les lèvres tuméfiées, entrouvertes, et le regard, le regard traqué, inquiet, angoissé, avait perdu toute espèce de confiance dans un secours quelconque, le visage profondément tragique et creusé d'une douleur incommensurable, injuste et incompréhensible, celle de l'abandon et de l'absurdité du destin.

« Pourquoi moi, aurait pu dire M. Blaise, pourquoi moi justement? » Et la figure du Christ ce soir-là me le disait : « C'est moi seulement parce que je l'ai choisi au nom de tous les hommes. » Et comme en un brouillard, je me demandais dans cette salle sonore, au milieu de la nuit, si ces gueux n'avaient pas une mission de cet ordre, si ces hommes ne déviaient pas sur eux les coups et l'agressivité que sans eux nous aurions pu prendre... Puis la vision se modela, elle devint plus esthétique, plus sanitaire, et M. Blaise montrant indûment dans le couloir son corps nu et brenneux, des bras vigoureux le repoussèrent sans ménagement sous la douche.

2

Le Régent de ce monde

Il est des aveux difficiles. Aussi, à l'époque où nous sommes, s'avouer croyant relève d'un exercice périlleux. Non que la denrée soit rare, il semble au contraire que l'on assiste – pour employer certaine expression devenue tarte à la crème – à un « retour du religieux » ; mais un côté caricatural, provincial, chaisière, « scout toujours prêt », lié au comportement pratiquant, a tellement été dénoncé, tourné en dérision, brocardé, qu'il faut, il me semble, posséder une grande conviction pour s'exposer à découvert et se déclarer publiquement tout à la fois croyant, chrétien et catholique, faisant partie de cette cohorte reconnue par Victor Hugo : « Ils étaient plus que chrétiens, ils étaient catholiques ; ils étaient plus que catholiques, ils étaient romains... » Pourtant, même si elle présente des aspects désuets ou ridicules, je ne vois pas comment échapper à cette définition, même avec tous les arrangements et les nuances possibles.

Au terme d'un parcours qui fut souvent de courbes et de virages, m'avouer allègrement enfant de Dieu n'est donc pas vraiment chose facile, et j'ai parfois peur que mes proches le perçoivent comme une sorte d'ultime caprice d'homme libre qui en eut d'autres. Cela ne change en aucune manière ma pratique, mais me condamne à beaucoup de modestie en la matière, et surtout de réserve. Confronté à tant de beaux esprits agnostiques, sceptiques ou secrètement moqueurs, je n'ai aucune vocation à pratiquer le prosélytisme, mais il m'arrive d'encourager la rencontre quand une curiosité sincère semble venir de l'interlocuteur.

Or voici qu'il faut que je me livre puisque je prends le risque de raconter un peu de mon cheminement! Tant pis, après tout. Ayant, à mon grand étonnement, atteint et dépassé l'âge canonique de la cinquantaine, je n'ai plus guère de surface à préserver. Mes amis connaissent mon engagement et l'acceptent, même s'ils ne l'approuvent pas. Quant aux autres, ils peuvent être rencontrés sereinement, je ne suis pas en mission catéchiste.

Toute approche religieuse repose sur des gouffres. Moi, depuis l'enfance, je dérape sur l'infini du temps.

Quand j'étais petit, dans mon lit, au moment où je m'endormais, je me répétais en réponse au petit catéchisme raconté par ma mère : « Ainsi, on ne finira jamais... jamais... jamais », et cette sensation d'éternité tournant en boucle, sans laisser entrevoir de terme, de repos ni de pause, me tenait éveillé le cœur battant. « On va durer toujours... toujours... toujours! Il n'y a pas de limite, pas de mort, pas de solution! » Encore aujourd'hui, à l'écrire, le vide monte dans ma bouche comme au temps de ma prime enfance, et sournoisement le doute rôde.

Je comprends maintenant où réside le piège. Il est dans l'énoncé même. La survie ainsi formulée ne peut déboucher que sur la représentation d'un abîme aride, d'une vie étirée indéfiniment sans espoir, s'écoulant vers les toujours... Mais c'est une analyse de vivant, d'être de chair emprisonné dans un laps de temps. Seule la mort physique, qui nous libère, nous permet de changer de niveau d'existence et d'envisager la structure du dessus. L'esprit n'est alors plus inscrit dans le temps : celui-ci ne s'écoule pas car il est la statique même où présent, passé et futur coexistent et ne représentent que les vagues de ce lac d'éternité. Les événements n'y sont plus perçus par leur causalité, mais par leur sens et leur symbolique, et ceux liés par l'amour y sont alors les plus significatifs.

Malgré ce credo, je ne suis pas assouvi, et tant que je resterai sur le versant de l'incarnation, l'éternité me fera chanceler. C'est là où réside Dieu. C'est Lui qui à la fois la borne et nous en protège. Pourtant, chaque fois que je l'interroge, il y a en filigrane un petit garçon inquiet au fond de son lit, hanté par l'empilement des siècles et des siècles sans fin ni repos.

De mon enfance je tire également des visions barbares et sanglantes. La nuit, je visitais des souterrains et des grottes où des foules dolentes grouillant à perte de vue peinaient sans espoir à d'immenses et incompréhensibles travaux, fouillant la boue des catacombes... Peu à peu, je reconnaissais parmi les hommes des squelettes et des corps en décomposition mêlés aux vivants qui ne tardaient pas à se déformer, à se boursoufler et se métamorphoser, jusqu'à devenir tous d'immondes créatures des tombeaux, jusqu'à ne former qu'un magma de cadavres, putrides mais vivants. Ce n'est que bien plus tard qu'il m'a été donné de humer un air de ces visions dans le monde de la réalité, en rencontrant, avec le tableau de Brueghel *Le Triomphe de la mort,* un peu des spectres qui ont longtemps hanté mes nuits. Je me réveillais palpitant et priais, priais pour être protégé des rêves maléfiques, mais mes yeux se refermaient sournoisement et, sans que je m'aperçoive de la transition, les charniers recommençaient à bourdonner de leur activité fiévreuse. Ou alors, des crânes déchiquetés et des membres humains étaient accolés en de monstrueux montages à des corps, des torses ou des pattes d'animaux, pour former des cadavres formidables de chimères agglomérées en tumulus et édifices... Je parcourais des rues bordées d'étals de boucherie anthropophagiques, venus de l'histoire des trois petits enfants de la légende de saint Nicolas, ou de leurs frères Shadrak, Meshak et Abed Nego, victimes du grand Nabuchodonosor qui les jeta vivants dans la fournaise. Un évangile infantile et terrible était reconstruit sans que je le veuille dans mes cauchemars.

Plus tard, à l'âge adulte, j'ai su que les tribus gauloises faisaient des montages terrifiants en dépeçant les armées de vaincus, leurs bêtes et leurs troupeaux, taillant des morceaux anatomiques pour reconstituer de fantastiques armadas de monstres sanglants, qui s'effondraient ensuite en des pourritures inouïes. On nous racontait, croyant bien faire, un peu de l'hermétisme du Nouveau Testament lié au bestiaire sacré. Le taureau, l'aigle et le lion accompagnés de l'homme pour annoncer Jésus-Christ disaient que Luc, Jean, Marc et Matthieu avaient leurs correspondances dans ces quatre animaux, et les bêtes se mêlaient aux humains, même parmi les plus sacrés, pour signaliser les portes de la mort, mi-bêtes mi-hommes. Les quatre évangélistes parcouraient le ciel et côtoyaient les monstres égyptiens, les sphinx et les striges, les griffons et les chimères, les chevaux ailés et les sirènes, pour baliser les chemins du Styx de Cerbère et du terrible Charon. Ce sont ces images, celles du rêve ou de l'imaginaire, qui ont structuré mes premiers pas dans la croyance. Elles sont celles de l'enfance, celles de l'évangile merveilleux qu'on nous donnait à lire et qui a désormais disparu de la culture des chrétiens.

Quand l'Enfant Jésus jouait avec ses camarades, disait-on, s'il abandonnait l'oiseau pétri dans la terre, celui-ci s'envolait quand tout le monde rentrait à la maison. On pouvait chanter sans mièvrerie dans les matins de mes six ans :

« Le petit Jésus allait à l'école
En portant sa croix dessus son épaule
Quand il savait ses leçons
On lui donnait des bonbons
Une pomme rouge
Pour mettre à sa bouche

Un bouquet de fleurs
Pour mettre à son cœur...
Saint Joseph sciez du bois
Petit Jésus ramasse avec ses p'tits doigts. »

Et moi, je savais sur quels chemins se promenait l'enfant Jésus avec tout son fourbi.

Naturellement, j'étais accompagné de mon ange gardien, et les anges hantaient par millions, par myriades, comme dans l'Apocalypse, les moments crépusculaires de l'endormissement et du réveil. Les seigneurs des quatre vents : Michel, le vent d'ouest, Raphaël celui d'orient, Gabriel le vent du nord et Uriel celui du midi... Les anges secrets, Sariel, Raguel, Gérémiel et Fanuel, ainsi que Samaël le serpent, l'ange du jardin d'Éden; Gabriel, l'ange de l'Annonciation, et Raphaël, l'ange de Tobie, l'enfant voyageur qui « partit avec l'ange et le chien suivit derrière »... Tous ceux qui surveillent le monde et l'organisent, anges, archanges, principautés, puissances, vertus, dominations, trônes, chérubins et séraphins organisés en hiérarchie. Saint Michel qui crie : « Qui est comme Dieu? », et les mauvais, menés, eux, par Lucifer, le plus beau et le plus lumineux, qui se révoltent niveau par niveau, chaque strate corrompue par jalousie pour le projet de Dieu le plus étrange, le plus noble et le plus mystérieux : l'Homme. Les mauvais anges qui sont vaincus et précipités sur la terre... Précipités sur la terre! où ils établissent leur royaume jusqu'à la fin des temps. « Mon royaume n'est pas de ce monde », dit Jésus... mais c'est Satanas, le « prince de ce monde », qui en hérite.

C'est ainsi que depuis l'enfance, je sais que nous sommes égarés sur le territoire de quelqu'un... Et, comme le dit Van Vogt *, quel quelqu'un! Un terrible seigneur, assigné à résidence et dont nous avons bien du mal à nous affranchir.

Ce mythe fondateur a traversé au cours des siècles la religion chrétienne, les tourments des schismes et les séismes des hérésies dont la plus brillante et la plus troublante fut incontestablement l'hérésie cathare.

Les cathares croyaient que le Bien et le Mal luttaient à parité, avec, à la fin des temps, tout de même, la victoire définitive du Bien. Dieu et le Diable se présentaient comme deux principes de même nature, à la fois frères et adversaires, l'un relevant de l'esprit et l'autre de la matière, en compétition depuis le début du monde et générant en une respiration cosmique des cycles différents, opposés et complémentaires, le yin et le yang en quelque sorte, le chaud et le froid, la vie et la mort. Cette conception dualiste de l'univers fut la tentation de l'aube de notre religion, et même si, verbalement, elle en a été à juste titre expulsée, elle demeure clandestinement, comme en filigrane, au cœur de notre foi. Même si la transmigration des âmes a été oubliée, des thèmes entiers, vestiges de ce mythe occulté, restent imprimés dans notre culture. Les cathares, eux, avaient pris le mythe au pied de la lettre, voyant le Démon à l'œuvre sur la terre dont il était

* *La Faune de l'espace,* 1952, Gallimard.

devenu, après sa défaite au Ciel, le puissant Régent. Pour atteindre le principe du Bien et se libérer de son emprise, il leur fallait renoncer au Mal et donc se tourner vers l'invisible, l'incréé. Ils menaient une vie ascétique, austère et exemplaire, faite de tolérance et de fraternité. Qui ne se souvient des « bonshommes » et des « parfaits »? Le petit peuple leur demandait le *melhorament,* « l'améliorement », souhaitant devenir meilleur à leur exemple, et saluait de ce fait en eux, quand il les croisait, le désir d'émanciper l'esprit et de s'évader enfin de la terre.

« Notre Père, qui êtes aux cieux », priaient-ils (pour bien marquer qu'il ne se trouvait pas sur la terre), « que votre nom soit sanctifié, que votre règne arrive (car, pour le moment, c'est l'Autre qui règne), que votre volonté soit faite sur la terre comme au ciel (comme elle est accomplie dans votre royaume, qu'elle le soit également sur la terre, qui n'y est pas encore soumise), donnez-nous aujourd'hui notre pain (non le quotidien, qui est de l'Autre, mais le " supersubstantiel ", qui ne peut être matériel), pardonnez-nous nos offenses comme nous les pardonnons à ceux qui nous ont offensés, et ne nous laissez pas succomber à la tentation (de celles offertes par le sire de ces lieux), mais délivrez-nous du mal (sortez-nous du monde maudit de la matière). Amen! »

Au moment de leur mort, ou simplement quand le sort leur paraissait trop lourd ou trop absurde, ils demandaient que les parfaits leur offrent le *consolamentum*... la consolation pour atténuer l'indicible chagrin de vivre. Je sais bien que je ne peux m'affirmer à la fois catholique et cathare, mais je ne crois pas que l'on ait totalement exterminé cette hérésie : on l'a absorbée, lentement métabolisée, elle est passée du religieux au profane par les troubadours et les poètes, puis dans la culture populaire, avant de se fondre d'une certaine manière dans la chrétienté, par les confréries et les protestants, puis par l'action sociale de l'Église, revanche posthume des Albigeois... Cette religion archaïque, d'une grande noblesse, j'aurais aimé la vivre dans l'innocence de sa vérité, car son originalité réside dans la familiarité des principes du Bien et du Mal, et leur omniprésence. Saint Dominique a eu sans doute fort à faire pour tenter de reconquérir les esprits, tant elle semble séduisante. Mais le thème récurrent de cette conception réside dans l'absolue certitude que le Démon a la charge de la terre, et tente de contrarier le projet de Dieu qui est l'élévation de l'Homme à sa destinée divine. « L'Univers est une machine à fabriquer des dieux », affirme Bergson. Tout est en place pour élever l'Homme à la dignité de divinité, et Dieu se sert de la malice du Diable pour faire aboutir cette œuvre. Sans le vouloir, le Démon y collabore malgré lui... Il n'est donc pas du même rang que Dieu et n'est pas lui-même un dieu. C'est une créature intermédiaire soumise à la hiérarchie divine. Il représente seulement l'adversaire, l'obstacle sur la route de l'accomplissement qui a sa place dans l'économie du projet divin. Il a sa place dans la gestion du monde d'ici-bas, pour favoriser le cheminement et l'effort de l'âme à travers épreuves et tentations, et contrôle le principe du Mal. Dans cette mesure, il n'est qu'un Régent, qui expédie les affaires courantes en attendant la venue du Grand Roi.

Si j'ai autant de sympathie pour les cathares, c'est que d'une certaine façon, issue de l'« évangile merveilleux », l'idée que le Démon gère son domaine et défie Dieu à travers les hommes me séduit.

Le langage populaire ne l'ignore pas, qui rappelle sa présence à chaque instant : manque-t-on d'argent, crottin du diable, que l'on tire le diable par la queue, et l'on est un pauvre diable, habitant quelque banlieue au diable, justement où l'on vous envoie... Une belle femme ayant la beauté du diable l'a souvent au corps, et vivant sa vie fait le diable à quatre, se débattant pour se sortir de sa condition comme un beau diable... Ce n'est pourtant pas le diable que de l'imaginer. S'il a déserté les esprits, il reste enfoui dans la langue d'où on l'évoque inconsciemment. Mais moi j'y crois, je crois fermement que le Démon, créature surhumaine, surnaturelle et éternelle, intervient dans l'histoire des hommes pour les petits et les grands événements, et révèle le culte cosmique dans une saga au-delà de la compréhension, qui est tout simplement l'enjeu même de la Création. Mais parler du Démon en ces termes rend intolérable le propos et une oreille moderne ne peut plus l'entendre. Trop de ratiocinations l'ont masqué, trop de puérilités zélées l'ont renvoyé au catéchisme de la naïveté.

C'est pourquoi on se retrouve sous un ciel désert,

ou vaguement habité par un Dieu infini, énigmatique, régnant au-delà de toute compréhension dans une éternité accablante. Les créatures intermédiaires ont disparu, anges et démons se sont envolés à tire-d'aile vers les archaïsmes désuets des fantasmes populaires. Il faut s'arc-bouter pour déclarer bonnement : je crois aux démons et donc je crois aux anges, je crois en Dieu, je prends la Bible au pied de la lettre, ayant la chance de posséder également la foi du charbonnier et celle de l'enfant amoureux des récits et des illustrations. Un croyant classique, façonné depuis qu'il est en âge de comprendre, capitalise toutes ces images en lui; il possède en son cœur, pour l'épauler, clichés et enluminures. Et s'il est vrai que le lait que l'on a sucé au berceau va souiller encore le linceul au dernier jour de la vie, alors ces images et ces histoires ne nous abandonnent jamais.

Je crois donc que le Démon rôde pour amoindrir la créature de Dieu, pour l'humilier, l'affaiblir, la rendre moche et grotesque, la dévaloriser et la grimer en destins pitoyables, la dégradant par dépit – et ce, avec violence, haine et mépris. Toute l'histoire des hommes en témoigne, faite de guerres, de racismes, d'esclavages, d'exterminations, de conquêtes et de prostitutions. Notre siècle a même pu l'édifier en dogmes et philosophies, et répandre ces visées diaboliques à une échelle jamais égalée – ce qui à mon sens signifie que le cours des événements s'accélère et que déjà sont entraînées les armées de Gog et Magog pour la future bataille d'Armaguedon... Encore que toutes les générations, myopes avec le passé, presbytes envers le futur, se sont ressenties comme l'ultime soubresaut de l'humanité : « Depuis les temps les plus reculés, chaque siècle s'accuse d'être plus corrompu que les précédents. L'opinion que la nature humaine se dégrade sans cesse semble avoir été l'opinion commune de tous les âges [2]. »

Il est ainsi des lieux de chute tellement parlants qu'ils livrent d'emblée leur identité et leur charge d'émotion, par exemple la prison. La prison est pour moi le symbole de l'emprise du Régent sur ce monde. Quand je l'évoque, je vois une forteresse sur son plateau désert limité au loin par les cubes des bâtiments du personnel, mais solitaire, grise, éloquente dans son accroupissement géométrique. Le ciel d'automne lui sied bien, traversé d'un lourd et bruyant vol de corbeaux. Certes, je l'ai connue aussi sous un grand ciel bleu largement ouvert, dans la gloire humide du printemps, ou placidement assoupie dans la sieste écrasante d'un mois d'août, mais sa saison de prédilection est incontestablement l'automne, ou même l'hiver, quand il fait bien froid, quand elle se présente trapue et glacée tel un bijou cyclopéen dans sa châsse de gel, enveloppée de lambeaux de brume et des soudaines disputes des oiseaux de proie. Si l'on s'en approche, elle abandonne un peu de son mystère hautain pour arborer l'arrogante neutralité des bâtiments administratifs lourds de leurs secrets d'État.

Les grilles et les serrures qui claquent, les pas qui se répercutent le long des parois, les fonctionnaires en uniforme, leurs radios portables caquetant en bandoulière, un air empesé, officiel, et surtout une odeur stagnante insaisissable révèlent plus que tout le « monde du dedans ». Cette odeur qui suinte des bâtiments est faite de fragrances de choux bouillis ou de poissons frits, de crasse, de nourritures rances et de matières fécales, et alimente toujours une espèce d'arrière-plan signant la cuisine collective, la chambrée, les corps mal entretenus, les cabinets et les douches, les chaussures et les transpirations. C'est une odeur subtile qui se dissout dans le quotidien, mais qui m'agresse parfois comme une prémonition allergique, au retour des vacances, quand on retrouve avec la rentrée les longs jours étirés de l'incarcération.

Des détenus furtifs aux regards obliques glissent dans les couloirs ou vaquent à des besognes de manutention, encadrés par leurs gardiens juvéniles, et des airs de rock lâchent des rythmes de batterie d'une cellule à l'autre, révélant à coup sûr l'âge moyen des prisonniers.

Sur les cours de promenade, une ambiance dépenaillée de tiers monde démontre l'évolution de l'incarcération de ces dernières années, et quand, dans une cohue contrôlée, les prisonniers regagnent leur cellule, c'est l'Afrique et le Maghreb qui extériorisent leur démographie, souvent à parité avec les nationaux.

Sous leurs airs neutres et leur aspect bienveillant, grilles claires et baies vitrées annoncent quand même leur fonction, qui n'est pas l'ouverture sur une belle vue, mais la solide contention. Malgré leurs couleurs gaies, les affiches à la mode, les chromos naïfs et les annonces en jeux de mots, les espaces livrent tranquillement leur violence. Ils disent la contrainte pour des hommes très jeunes aux forces exubérantes, tout à coup bridés, réduits par la coercition de bâtiments d'enfermement qui se prétendent anodins. Il n'est qu'à voir les chahuts des élèves-surveillants se bousculant au mess ou à la sortie, pour subodorer la pression de la fonction, mais surtout des murs et des règlements, et imaginer l'immense chaudron du diable perpétuellement contenu derrière ces portes fermées, d'autant qu'en cet endroit la parole est confisquée.

Bien sûr, chacun peut parler, mais sa parole est distordue, déportée. Elle ne signifie plus ce qu'elle prétend dire, mais plutôt, par une espèce de gauchissement, un échange incertain ou des ordres, un subtil et permanent mensonge, un masque ou une manipulation qu'il faut interpréter, en cette place où tout est signe et symbole, et la mythomanie un art de survivre. Le proche voisin est certainement celui dont il faut le plus se méfier, qu'il soit le compagnon, le gardien, l'administratif ou simplement n'importe qui, celui qui pour se faire bien voir – ou par jeu ou par fonction – vous trahira à coup sûr.

Dans ces endroits de force il n'y a pas de confiance, malgré la mythologie, et même ces étranges scaphandriers plongeant chaque jour de la vie normale dans cet univers clos, médecins, éducateurs ou travailleurs sociaux, même ceux-là ne sont pas toujours fiables – bien qu'ils laissent entendre qu'ils sont de votre bord, du côté de la souffrance. Quand vient le soir, que commence la longue nuit pénitentiaire parcourant à petits pas le cadran de dix-huit heures à huit heures du matin, quand chacun est bouclé derrière sa porte, elles n'existent plus, ces oreilles complaisantes, ces présences amies, chacun est reparti chez soi. Livré à sa peine, à ses voisins, aux télévisions qui clapotent et aux cigarettes à n'en plus finir, on somnole dans les rêves lourds de la promiscuité. Les photos porno, et celles des enfants, les petits chapelets ou les grigris, les médailles ou les posters alimentent des pensées fugitives. C'est ce qu'il reste pour rêver un peu du dehors – et le temps passe, jusqu'au matin.

De temps à autre, une bouffée de violence fuse d'un angle imprévu de ce monde; alors, à l'infirmerie, arrive, tailladé jusqu'aux profondeurs, aux avant-bras, au pli du coude ou à n'importe quel endroit accessible, un détenu sanglant, balafré de coupures béantes, qualifiées de tentatives de suicide. Ou la radiographie avoue de spectaculaires ingestions de corps étrangers, montres, débris de ferraille ou de verre, couteau ou cuillère, qui se résolvent la plupart du temps dans la physiologie normale du transit. Mais parfois il faut opérer. C'est l'institution médicale qui alors se chargera de la prochaine balafre en plein milieu du ventre, signe supplémentaire d'un affront fait au corps.

J'ai vu une lame de rasoir transiter au fil des radios à travers le tube digestif, tandis que j'attendais les premiers signes d'alarme de l'organisme fendu en deux de l'intérieur, mais la lame a cheminé sans autre mal que celui fait à l'imaginaire.

D'autres fois, pourtant, le suicide réussit : trop d'injustice, trop de rancœur, trop d'incompréhension, et à la moindre inattention, on retrouve un pendu. Le corps est interpellé, le corps est mutilé, le corps est en représentation quand la bouche ne peut plus parler, quand les mots ne sont plus entendus. J'ai vu une bouche cousue par un fil et une aiguille de couturière, et le détenu placide exhiber sa blessure dans le silence qu'il savait à coup sûr provocateur... L'empressement du jeune directeur sommant l'infirmière de découdre immédiatement l'horrible travail fut aussitôt suivi d'une seconde couture sanglante, sur des lèvres tuméfiées et violacées. Le jeune interne, consulté, croyant faire pour le mieux, prescrivit une ouverture immédiate des fils, qui n'eut pour conséquence qu'un troisième ouvrage dans le bourbier œdémateux de la bouche qui défiait l'esthétique. C'est là que je l'ai vu, monstre muet, éloquent pourtant, qui demandait de la sorte que son procès s'ouvre enfin. Il fallut négocier, et la plaie fut cicatrisée pour le jour du jugement.

Il en est, dit-on, qui se cousent les paupières et on les voit, guidés par leurs compagnons de détention dans des couloirs où la vision, il est vrai, n'est pas encourageante, tâtonnant dans les méandres de la rigidité pénitentiaire.

Là où la bouche se tait, le corps parle. Tout le XIXe siècle a étudié les tatouages des communautés d'hommes, ceux des soldats et des mercenaires, ceux des bagnards et des prisonniers, ceux des voyous et des repris de justice, cherchant à déchiffrer la chute dans ces écritures barbares, restes profanes des rituels d'appartenance. Sans le savoir, ou peut-être en le devinant, on voit encore sur les peaux les traditionnelles expressions venues du fond des temps de la condition de marginal : les points et les traits, étranges télégrammes envoyés en morse à qui peut les lire, semblable ou partenaire. Un point : le point des macs, bien visible sur le front ou sur la joue. Trois points : ceux des « francs-macs » – non les francs-maçons, trop notables pour eux malgré leur mystère, mais ceux représentant les initiales MAV, « mort aux vaches ». Quatre points en carré symbolisent la cellule, les quatre coins. Cinq points, en l'occurrence les mêmes avec un point au centre : « C'est ma condition, seul entre quatre murs... » Cinq points encore, sur la main, un pour chaque doigt posé sur la première phalange : « J'emmerde la justice jusqu'au bout. » Les yeux de biche, des tirets cette fois, au coin de chaque œil, rendent oblique et scrutateur le regard du dépositaire qui se signale comme un voyou... Une larme de crocodile tatouée sous l'œil, faisant mine de couler, c'est la larme de regret de dérision, la seule que l'on verse, dessinée et explicitée, pour exposer à tout un chacun par cette larme indélébile que l'on a tué quelqu'un en prison, et que loin d'en pleurer, on s'en vante...

Les figures classiques et éternelles venues du fond de l'Antiquité : un serpent enroulé autour d'un poignard, tête vers le haut, vengeance à assouvir, tête vers le bas, vengeance accomplie. Je ne parle pas du chemin vers le soleil, signe de liberté, ni des prénoms, des roses ou des pensées. Seulement des figures; les points situés de chaque côté du montant vertical de la croix du Christ, s'ils sont quatre bilatéraux, deux au-dessus, deux au-dessous du montant horizontal, profèrent le célèbre « ni dieu ni maître ». Ne sont-ils que deux, au-dessus du montant horizontal, de part et d'autre du trait vertical, et ils expliquent : « Autant je peux être gentil, autant je peux être méchant. » Enfin, une curieuse rose des vents indique comme à l'accoutumée le N du nord et le S du sud, mais à la place du O de l'ouest on trouve un M, et au lieu du E de l'est un V. Cette rose se lit de haut en bas et de droite à gauche, résumant tout le destin des hommes : Naître pour Souffrir, Vivre pour Mourir... Un peu partout, les panthères bondissent, les aigles volent, les sirènes nagent, et l'on indique son régiment, sa religion, son amour ou, espièglement, par des petits Mickeys, les liaisons sympathiques égrenées dans une vie d'ouverture... Un papillon sur la cheville, et c'est le voyage. Un personnage filiforme, avec une auréole, le saint des voyous. Le Christ se lit sur la peau, parfois en résurrection mais souvent dans une croix d'où partent de chaque angle formé par les montants, quatre rayons, la croix des voyous.

Il est des tatouages obscènes, des fellations, des positions exotiques, le sexe présenté comme un « robinet d'amour », d'autres plus carcéraux : le pointillé du cou au temps des décollations, qui signe désormais son ancienneté dans la délinquance, ou celui des menottes... Le pauvre corps muet raconte une histoire violente mais conventionnelle, qui n'épate certainement plus le bourgeois ni ne l'effraie, car il n'a pas de raison de voir ce corps dénudé, il montre seulement qu'il existe et qu'il se réclame d'un monde dur, avec ses rites et ses noblesses, dont les plus belles qualités sont la liberté et la virilité...

Le propriétaire de telles fresques exprime par là qu'il n'est pas un débutant. C'est un affranchi qui réfère à de vraies valeurs, difficiles mais dignes. Mais comme, la plupart du temps, personne ne sait déchiffrer ces codes, les hommes illustrés, pour ce qui concerne notre compréhension, disent tout simplement leur marginalité, leur rejet, leur solitude et, au bout du compte, psychologues, médecins et juges, soucieux de « réinsertion », ce thème mythique de la société qui rejette, leur proposent un détatouage. Il est souvent accepté; ainsi deviendront-ils à leur tour anonymes, présentables, muets et donc soumis.

Pourtant, encore de nos jours, ces corps racontent d'une certaine façon la chrétienté, mais brutale et archaïque bien sûr. J'ai vu des tatouages mystiques et insolents, mais aussi, pendus au cou, des crucifix plus ou moins imposants, des médailles et des gris-gris, miettes de sacré, portés secrètement comme objet magique de protection. Ils signalent l'appartenance au dessein de Dieu, et se réclament d'une troupe étrange, cette cohorte qui s'est mise en route il y a deux mille ans pour partir à l'assaut du temps à l'encontre du

Régent. Il n'est jusqu'aux plus durs, aux plus exclus, qui n'arrivent à thésauriser sur leur corps ou autour du cou un petit signe, rappelant, même de loin, même si elle est niée et prend des tournures blasphématoires, la marque indélébile des enfants de Dieu.

Selon les évangélistes, le Christ fut crucifié entre deux larrons, mais la tradition rapporte des attitudes très différentes de la part de ces condamnés. Autant l'un se serait détourné avec amertume en insultant Jésus, autant l'autre, accablé par son humanité au seuil de la mort, aurait su l'émouvoir alors qu'il entrait lui-même en agonie, en lui disant : « Pense à moi tout à l'heure, quand tu seras dans ton paradis. » Au moment de mourir, il avait entrevu sa condition, et regrettant que le bilan de sa vie lui interdise de prétendre à ce ciel enseigné par son voisin de misère, il lui demandait seulement une toute petite pensée, quand tout serait consommé, et qu'il ne resterait de trace de lui nulle part, toute souffrance, toute espérance, tout amour ou fidélité s'étant manifestés pour rien... tandis que le Christ, lui, sanctifié par son sacrifice, entrerait en gloire au paradis pour l'éternité. On dit que le Christ lui aurait assuré, pour ces paroles, qu'il entrerait avec lui le jour même au royaume des cieux.

J'aime cette légende. Depuis que je suis enfant, je sais qu'une seule pensée d'intense et authentique regret, une seule démarche de foi et d'amour, peut réintégrer à l'ultime moment l'âme en perdition. C'est l'histoire de l'ouvrier de la onzième heure, celle de la brebis égarée qui vaut que le berger abandonne un instant tout le troupeau pour la récupérer. L'Évangile est empli de ces paraboles qui laissent sa chance, toujours, à tout instant, à chaque homme sur la terre. C'est aussi ce que chacun pressent ou espère, l'illustration que tous, depuis le commencement du monde, nous avons accès pour peu que nous le souhaitions au monde du signe et du sens, transcendant les affaires quotidiennes, au-delà des causes et des effets – pour que l'ambition lyrique du projet cosmique puisse s'accomplir grâce à nous et malgré l'obstacle de l'Adversaire. D'où la place immense, irremplaçable, de chaque destin, qui rend la vie de chaque homme unique, indispensable, malgré le dérisoire de son existence terrestre.

Tout le monde espère signifier un peu quelque chose de la grandeur, de la puissance, de la gloire ou de l'amour, tout le monde espère un peu être une sorte d'enjeu pour les autres, pour que la vie ne soit pas vaine et inutile, et tout le monde espère être reconnu et entendu, et manifester par son destin une démonstration, une tribune pour les proches, l'être aimé, les voisins, la famille, les copains, les compagnons de bistro, pour la ville entière, voire le pays et, qui sait? l'humanité elle-même, afin de dire son cheminement et ses luttes... Dans cette mesure, chaque corps est un prophète. Nous sommes partie intégrante du processus de la genèse et devons absolument créer du sens, par nos dires, nos actes, nos fonctions. Si nous n'y parvenons pas, nos corps s'en chargent. Lacan disait : « Tout symptôme est une parole rentrée. » Il me semble que je le crois... Si donc nous ne parvenons pas à parler, si notre bouche reste muette et si nous pensons notre vie inexpressive, alors la loi de la création somme le corps de s'exprimer, et il le fait à sa façon, brutale, nocturne, destructrice...

J'ai eu le privilège de participer à l'édification d'un SAMU puissant auprès d'un maître en sa spécialité, qui a guidé mes mains et mes raisonnements d'homme de l'urgence. J'étais alors très attiré par l'urgence médicale. A l'époque, je n'y voyais qu'une aventure solitaire, par l'intrusion précise, codée et efficace dans la catastrophe d'une crise ou d'un accident, qui me permettait de résoudre une situation dramatique. Le problème souvent avait envoyé le malade aux portes de la mort, et il se débattait avec plus ou moins de conviction aux confins de sa destinée. La compétence du médecin est, dans ce cas, immédiatement mesurable, car s'il sait faire, les douleurs s'atténuent, régressent ou disparaissent, et bien souvent la vie est sauvée au cours de cette rencontre de vérité. Cela se passe quelquefois la nuit, dans l'environnement dramatique que donnent l'obscurité, les lumières artificielles et les objets chaotiques.

Le médecin peut évaluer sa propre puissance et contempler sur la maladie et l'entourage son image de sauveur, de rédempteur, une image de dévouement efficace et protecteur. Il est renforcé par ses victoires et peut se permettre d'évoluer avec désinvolture sur les crêtes tragiques des destins et des pathologies. Arthur

Koestler citait volontiers Hillary, un jeune héros de la bataille d'Angleterre, qui scindait les événements en « vie tragique » et « vie triviale ». Le dandysme du héros consiste à employer les termes et à user des attitudes de la vie triviale tandis qu'il évolue dans les tourments de la vie tragique. C'est ce qui nous arrivait souvent, à nous, jeunes anesthésistes-réanimateurs, plongés au cœur d'un combat gigantesque dans le décor ravagé des ferrailles d'accidents de voitures, tandis que nous prenions des airs modestes et calmes dans nos échanges professionnels.

Encore de nos jours, les acteurs de ces aventures nocturnes mandatés par le SAMU revêtent des allures mythologiques en accomplissant froidement des gestes de routine dans des situations apocalyptiques, ce qui, pensent-ils, les renforce, les grandit... Peut-être est-ce vrai. Je ne sais pas si, au contact de la tragédie, on gagne en épaisseur et profondeur, et si le monde qui ces temps-ci laisse échapper le sens restitue à l'occasion des drames et des immenses douleurs un peu de sa réalité. Ce que je sais, c'est que de jeunes médecins, comme celui que j'étais alors, s'en emparent pour se promener la nuit avec un gyrophare et un klaxon bi-ton, pour signifier à tout un chacun qu'ils sont utiles, qu'ils sont pressés, que des destins reposent entre leurs mains... Toute une caste de conducteurs ou de services, à laquelle j'ai été fier d'appartenir tout en jouant la modestie, grillent les feux rouges, réclament le passage et fendent avec arrogance la circulation pour, légitimés par la mission de sauvetage que chacun leur consent, dominer un instant les contingences de la circulation qui engluent les pauvres profanes, dans leur course éperdue pour le salut des blessés ou des malades. Ils sont devenus soldats du Bien en mission pour une cause, nimbés du halo des tragédies et, comme la fête laisse des paillettes sur tous les participants, ils sont éclaboussés d'un peu de la poussière de grandeur et de mystère qui entoure toujours la mort des hommes.

Anesthésiste, donc, j'ai, jour après jour, vu les hommes se débattre aux antichambres de la mort. Les corps à l'abandon, terriblement tourmentés par des perfusions, point d'ancrage d'une multitude de fils, sondes et tuyaux, ces pauvres corps n'inspiraient que la hantise de perdre les batailles entreprises : démêlés avec le rein, la respiration, le système cardio-vasculaire, l'infection, la coagulation. L'homme gisait au cœur des grands systèmes avec lesquels nous nous débattions, et les morts étaient des échecs techniques. Les lits ne restaient jamais vacants longtemps, d'autres grands malades succédaient aux partants. Si bien que je ne me souviens de personne. Je me souviens des luttes, des désespoirs de perdre, des problèmes complexes... mais je n'ai rencontré personne. Pourtant bien des gens doivent la vie à mes compétences, mes veilles et mon obstination, mais ni eux ni moi ne pouvons nous souvenir de cette rencontre prodigieuse qui a croisé leur destinée, et j'ai été ce qu'ils ont été pour moi, une anonyme providence, au carrefour de forces trop incompréhensibles pour être strictement techniques. Après cela, arrêter ou non la machine, parler ou non d'acharnement thérapeutique n'a pas vraiment de sens. Une lutte de cette nature passe largement à côté de la simple humanité. L'acharnement thérapeutique n'est qu'une obstination de sous-officier qui ne sait pas mettre les problèmes en perspective, car ils échappent à la procédure. Le domaine de la réanimation est un *no man's land* qui n'est pas encore bordé. Des barbares s'y promènent avec la grâce des dinosaures : c'est qu'ils sont des ancêtres en train de préparer la descendance. Ce n'est qu'après plusieurs générations de médecins, quand ceux-ci auront bien maîtrisé cette frontière, que l'on saura évoluer sans porter atteinte à la définition de l'homme. Pour le moment, il arrive que, dans leur présomption, de pataudes créatures maladroites piétinent tout pour assurer la survie à n'importe quel prix. C'est dans cette région que se négocient les greffes d'organes, et qu'œuvrent les thérapeutes audacieux qui voient l'homme comme un ensemble de systèmes mécanistes et d'organes remplaçables après usure ou défaillance. La définition de l'homme à l'aune de « Darty » garantissant pour les pièces un contrat de confiance est un peu courte, et en tout cas insuffisante pour traiter les humains, encadrée, faute de mieux pour le moment, par le raccourci synthétique d'une éthique de pacotille qui la régit.

Cette technique échangiste, si elle donne des résultats spectaculaires, permet de la sorte à tout homme sur la terre d'être, simplement en restant vivant, le fournisseur potentiel de tout autre. L'évolution, pour ne pas dire le programme adamique, avait au contraire rendu chacun unique dans sa composition, et interdisait implicitement le franchissement de cette frontière.

Certes, il n'est pas bon de s'opposer à l'évolution des mœurs et des techniques, il est même franchement réactionnaire d'avoir un petit regret pour l'époque où les organes personnels étaient propriété privée, inaliénable, d'un organisme un peu sacralisé. L'audace des chercheurs, en pulvérisant cette barrière, a permis de sauver tant de vies... Il y eut la transfusion : greffe de cellules, greffe de tissus rendues possibles par la compréhension des groupes. Puis dans la logique de cette démarche, greffe d'organes, d'abord le rein, puis le cœur, puis le reste. On a forcé la porte de l'UN, ce faisant on a libéré un sillage pervers : la transfusion, en dehors de ses problèmes spécifiques, a un jour apporté la diffusion de l'hépatite, et celle du sida ensuite, chez les malades mêmes qu'elle prétendait sauver.

Les greffes d'organes ont apporté quant à elles les trafics d'organes, les corruptions, les listes de préséances. Les trafics sont peut-être encore très marginaux, mais un phénomène puissant comme celui-ci ne peut manquer de faire naître des vocations commerciales. Si les pauvres en Inde, en Chine, en Turquie, en Amérique du Sud, et même en Europe, vendent déjà, en restant sur pied, leur sang et l'un de leurs reins, rien n'interdit d'imaginer que les marchands franchiront d'autres étapes : d'abord en ergotant sur les prix pour susciter la concurrence, puis carrément en se servant eux-mêmes sur des petits enfants, ou dans des embuscades... Où il y a demande il y a offre, selon la loi d'airain de tout système capitaliste, et les stocks grouillent sur la terre, dans les grandes villes du tiers monde, sous forme de gueux riches de leur corps. Toute technique est une merveille. Elle ne vaut pourtant que si les conséquences morales ont été élucidées.

J'ai maintenu en vie des hommes étiquetés « donneurs ». Ils avaient perdu leur statut d'humains après avoir été victimes d'accidents de la circulation. Sur la même table où j'avais l'habitude d'endormir des malades pour améliorer leur vie, on disposait le corps de jeunes gens en coma dépassé, c'est-à-dire dont tous les organes, excepté le cerveau, restaient fonctionnels, et qu'il fallait d'ailleurs à tout prix conserver intacts. Je maintenais donc en état d'équilibre par la perfusion, l'oxygénation et quelques rares drogues les grandes fonctions, et ces morts gardaient en eux la vie. Ce qui permettait aux greffeurs de prélever les reins en bon état, au cours d'une prise qui mimait une intervention médicale. Après quoi je n'avais qu'à arrêter mes manœuvres et laisser la mort s'emparer définitivement du corps que j'avais momentanément arraché à ses serres. Dans la salle voisine, un homme se réveillait avec un organe étranger qui lui permettrait de continuer sa route. L'irréalité de l'opérateur, la brutalité de ce transfert faisaient exploser le cadre de ma sensibilité quotidienne et me laissaient sidéré, sans possibilité de jugement ni d'évaluation, avec l'impression d'un saccage irrémédiable... Mais quel saccage? et de quel ordre?

Ce n'est qu'un exemple parmi tant d'autres qui se multiplient de nos jours d'une déshumanisation de l'humain par une banalisation, sous couvert de grandeur, de ce mystérieux projet du temple de l'esprit qu'est le corps. Cet effacement de toute trace de transcendance dans l'homme objectivé et chosifié, voilà pour moi une fois encore la signature irréfutable du Régent.

3

Le pacte diabolique

ILS entrent, silencieux ou agités, un peu fébriles, un peu sournois ou revendicateurs. On ne peut s'y tromper, ce sont ceux que l'on nomme toxicomanes. Ils rôdent autour des lieux où sont traités les pauvres, pour se mêler à eux, profiter des bribes de soins ou des abris, trouver les failles de tout système sanitaire, profiter du moment où, par lassitude, par inconscience ou par souci thérapeutique devant le manque réel ou simulé, le médecin leur distribuera le médicament qu'ils demandent, renouvellera l'ordonnance ou dirigera vers le collègue plus compréhensif ceux qu'il ne sait pas aborder – à moins qu'il ne se fasse dérober, dans un moment d'inattention, le médicament convoité ou un autre de la même classe. Car tout produit neurotrope s'échange ou sc vend. Le monde de la toxicomanie étant par définition le monde du troc ou *deal*.

C'est, pour le médecin des exclus, la situation la plus difficile à aborder. Tout dispensaire rencontre forcément le problème de la toxicomanie, qu'elle soit intraveineuse ou médicamenteuse, voire les deux à la fois, car ce phénomène est désormais répandu dans les strates les plus périphériques des populations, et il éclaire d'un jour nouveau le classique colloque singulier qu'est le rapport médecin-malade.

En l'occurrence, ces malades sont jeunes et en règle générale ne cherchent pas à guérir, tant ils sont ancrés dans le monde de leur dépendance – et leur approche nécessite un professionnalisme particulier. En effet, pourquoi décrocher? décrocher pour quoi? Retrouver une triste galère et une situation forcément vouée à l'échec? La réponse n'est pas seulement d'ordre médical, et en tout cas pas à la portée du seul médecin.

Bien que les produits employés soient très différents, qu'ils servent à se shooter ou à planer, leur usage condamne à renoncer à toute vie sociale, et les toxicos se retrouvent marginaux, clandestins et la plupart du temps délinquants. L'institution tolère très mal ces jeunes gens furtifs et insolents. Autour d'eux, constamment, naissent des bagarres et des vols. Les services hospitaliers accueillent difficilement ces transgressions continuelles à la routine réglementaire, et le pragmatisme des surveillants affirme à peu près ceci : « Un toxico c'est déjà dur car c'est un caractériel... deux toxicos c'est ingérable car c'est le marché et la bisbille continuelle... trois toxicos c'est la fin du monde car ils transforment le service en souk, générant des allées et venues de toute une faune, jour et nuit; c'est le vol, l'agression, la perturbation permanente. » Aussi sont-ils renvoyés de consultation en consultation, de service en service, jusqu'à aboutir aux structures spécialisées qui les fixent, si l'on peut dire, définitivement dans leur monde. La toxicomanie est une catastrophe, mais également un mystère social. Pourquoi, depuis les années 1970-75, les sociétés sont-elles perméables aux drogues, et qu'est-ce qui pousse des garçons et des filles très jeunes à en faire usage? Les structures de droit commun, n'ayant pas de réponse, ne savent pas les traiter.

Depuis une centaine d'années, on classe la toxicomanie selon les toxiques et les toxiques selon leurs effets, leur point commun résidant dans le fait qu'ils portent en eux les germes de désinsertion sociale et l'abandon d'une certaine intégrité du Moi. Cet abandon va de pair avec la recherche du toxique à n'importe quel prix, l'accoutumance, la dépendance, la clandestinité et rapidement, pour ce qui concerne les drogues en injections intraveineuses, la déchéance, après un parcours désastreux de misère, violence ou maladie – car depuis les années 1983-85, l'épidémie par le virus HIV a durement frappé les usagers.

Mais il y a plus d'une coïncidence dans le fait que cette toxicomanie survient à un moment où la société occidentale, ayant perdu ses mythes, ses rites et ses symboles, ayant évacué la plupart de ses tabous, souffre désormais d'un syndrome inédit, que je nommerais la « déréalisation » de la réalité, où justement les choses de la vie ne sont plus perceptibles dans leur assise. Selon moi, contrairement à l'alcoolisme, ce ne serait pas pour fuir une réalité pesante et insupportable que les gens se drogueraient, mais au contraire, ne pouvant supporter cette sensation d'absence, de vide, d'insaisissable, d'une société trop fluide et anomique, pour aller à sa rencontre...

Lorsque survient une maladie, on peut penser que cette manifestation pathologique est mortifère, mais on peut également l'imaginer comme une tentative, certes déviante et perverse, de l'organisme pour trouver une solution de survie devant un facteur agressif. En ce cas, la maladie serait, au contraire des idées reçues, le terrain maladroit de la volonté de vivre. Dans le cas de la toxicomanie, il convient peut-être d'inverser la proposition classique et, au vu de l'âge des usagers, se demander plutôt si ce comportement transgressif, initiatique, clandestin, et d'appartenance, ne signe pas une quête avortée de structuration de la personnalité. Ce serait alors une réponse résolument moderne et pathologique de la perte de l'identité, et l'une des solutions de traitement consisterait à exposer au malade, d'une manière ou d'une autre, y compris par le langage, la valeur symbolique des choses et des êtres.

Historiquement, la première toxicomanie a été celle de la morphine, depuis l'isolement par Friedrich William Sertisener, en 1803, de l'un des alcaloïdes de l'opium, qu'il appela poétiquement morphine, en référence à Morphée, le dieu du Sommeil (mais qui peut s'entendre également comme Mort-Fine pour des oreilles populaires), et le transfert en 1853 au domaine médical de la seringue, connue jusqu'alors comme instrument de jardinier, par Pravaz. Il fallut pour faire naître le concept de « toxicomanie » intraveineuse, forgé par Viel, attendre les années 1900. Enfin, c'est la découverte, en 1868, par les laboratoires Bayer, de la diacétylmorphine, qui offrit au marché des stupéfiants la drogue des drogues, à savoir l'héroïne, qui a dominé le paysage jusqu'à l'arrivée du sida, au milieu des années 80.

Cette catégorie de produits avait été investiguée pour ses propriétés analgésiques, mais ils furent immédiatement perçus pour ce qu'ils étaient, une sorte de bombe ravageuse qui devait disloquer jusqu'au plus profond de la personnalité. L'effet analgésique est d'une puissance terrifiante, mais il s'accompagne également d'une accoutumance immédiate, qui conduit à la déchéance et à la souffrance en cas d'arrêt, le « manque », qui fait rechercher par tous les moyens, y compris le délit, la prostitution, voire le crime, à retourner à sa dépendance.

Cet état d'obsession va faire construire le mot morphinomanie, avec manie comme suffixe plutôt que « isme », qui aurait donné morphinisme, comme on l'avait fait pour l'alcool avec alcoolisme. C'est bien la construction évoquant les troubles psychiatriques qui fut choisie, compte tenu de la puissance des troubles de la personnalité qui en résultaient, par analogie avec la manie.

C'est donc dans un même ensemble que vont être perçues les substances qui, tout en intoxiquant, créent plus ou moins rapidement une dépendance et une accoutumance, mais surtout procurent un abaissement de la perception de la douleur ou une indifférence à son endroit, une sorte d'ivresse avec hallucinations et plaisir, voire « flash » orgasmique, extatique selon les cas, et un autre état de conscience, incommunicable, océanique, surréel, merveilleux en un mot.

Toutes ces substances procurent l'euphorie d'une réalité sensitive nouvelle, la possibilité de s'affranchir un moment de la condition humaine trop difficile à saisir, car pleine de contraintes, de défaites, d'impasses, d'incompréhensions, de refus. Elles apportent toutes, à la longue, des désordres organiques ou physiologiques, qui rendent dangereux pour soi, les siens, l'entourage par les altérations de la conscience, les levées d'inhibition, les violences anarchiques des comportements, et finissent par conduire à la marginalisation à plus ou moins long terme. La médicamentomanie a succédé à la toxicomanie, mais le prix d'une dose tant de fois coupée reste tellement abordable que souvent on rencontre des pluri-intoxications, le malade passant de l'une à l'autre dans sa recherche éperdue d'un autre état de conscience.

Pour guérir de tels sujets, il faudrait disposer d'une réalité de rechange...

Le toxico, surtout par voie intraveineuse, amène le médecin à le regarder derrière le miroir, dans le monde symbolique où l'espace d'échange et de négociation est totalement balisé par la drogue. Entre eux s'installe dès l'entrée une connivence, un changement de présupposé où les mots, les images, les idées ont subtilement glissé vers une autre référence qui concerne le sens et le goût de la vie, la définition même de l'être, et que l'on n'énonce jamais tant il va de soi. Cette référence a trait à la grande danse de la vie au prix de la mort, c'est même la condition humaine par excellence.

C'est celle-ci qui change avec le monde de la drogue. C'est insuffisant de proclamer que le drogué est suicidaire : c'est vrai... et c'est faux. Il est suicidaire par amour de la vie.

La référence qui est inscrite dans toutes les existences et qui donne leur saveur et leur prix aux gestes, aux actes, aux choses et aux rencontres, mesurée à l'aune de l'amour, du désir, du pouvoir et de la mort, change au fur et à mesure que l'on découvre ses limites, que l'on progresse dans la connaissance de soi... Cette référence est atteinte chez le toxicomane par son incapacité à thésauriser le temps, à intérioriser l'essence du monde par le désir, son impuissance à étancher sa soif de réel.

Comme pour l'alcool, mais plus aigu encore, dans la rencontre médecin-malade il s'insère une entité fantomatique, en embuscade derrière tous les mots, toutes les expressions, tous les échanges : c'est la drogue; sa substance évocatrice, pourtant non dite, prend une intensité telle qu'elle modèle jusqu'aux silences – cela bien sûr si le médecin est « affranchi ». Sinon, il est chamboulé, manœuvré, manipulé, et ne s'en tire que par des parades d'évitement.

Tâtonnant avec les yeux aveugles de l'intuition le médecin croit percevoir une personnalité à la fois très vulnérable, et d'une certaine façon très structurée en une brillante forteresse totalement lisse comme de la porcelaine, et ce qu'il prend pour un édifice symbolique et fragile est en réalité très construit. C'est la vitre qui sépare le virtuel du réel qui rend ce monde inabordable. Ce qui a fait dire en d'autres temps à des explorateurs du social que l'on ne peut en parler vraiment que du dedans.

La séduction, le marchandage, la palabre parfois au prix du regard effrontément confiant, les promesses et les paroles données n'ont de sens que dans l'instant. Le patient a insensiblement glissé hors de l'univers naturel. Lui parler, c'est comme parler à son reflet. Sa véritable personnalité reste de l'autre côté, et lui, par méconnaissance de la souffrance de tout être qui ne partage pas sa galère, a aussi probablement la certitude de ne rencontrer qu'un reflet de médecin qui mime la rencontre – et il ne se passe aucune relation réelle. L'un et l'autre comprennent pathétiquement qu'une virtualité les sépare, celle de l'échange interpersonnel, spontané, et dont la drogue a pris la place. C'est comme si les récepteurs qui ancrent la psyché au moi étaient saturés par la drogue et rendaient flottante une personnalité désormais sans point d'ancrage. Chacun reste au bord de la falaise, ne connaissant pas ou plus les règles de la palabre, de l'échange spontané entre les hommes.

Le toxico se sait, même sans jamais se l'être formulé, par constitution contraint à répéter inlassablement la même réponse – toujours la même – toujours renégociée; il est devant l'éternelle problématique, le paradoxe qu'il connaît par cœur depuis sa première prise : ce qui le maintient est en même temps ce qui le détruit.

Il cherche à édifier sa propre statue à partir de la

poussière, d'un sable qui ne garde jamais la forme, celui de la sensation qui fuit aussitôt éprouvée et s'écoule comme le temps, sans prise et sans répit, obligeant sans cesse à monter les enchères.

Pour le médecin se pose le seul vrai problème : comment lui faire déchirer ce pacte diabolique souvent signé à la sortie de l'enfance, celui de vouloir mordre sans le moindre recul dans la vie qui fuit et se disperse à mesure qu'augmentent les mises, afin qu'il puisse enfin se « sensifier » et tracer, comme tous les autres hommes – mieux encore, plus profondément –, un sillage dense et lourd dans la trame de la réalité. Il cherche le contact, le « full-contact » par ce qui le dilacère de plus en plus et l'éloigne à chaque instant de son objectif.

A force de patience, de ruse, de temps, d'autorité et de conviction, par des contacts répétés, pudiques ou affectueux, on croit avoir trouvé un pont-levis pour rejoindre la personnalité sous influence. Le malade comprend qu'il a désormais une décision immense à prendre, un bond qualitatif à faire, qui relève de sa profonde intimité : celle d'arrêter, de couper les liens et réseaux, de s'exiler de sa magie d'esclave... S'il ne l'a pas prise, il va mentir de la mythomanie des enfants, par calcul pervers, pour gérer l'immédiat. Il ment et se ment dans une négociation permanente et tragique où son image externe lui paraît parfois détruite, s'il lui arrive de regarder du coin de l'œil l'être qui se perd. Mais il reprend des forces avec brio et désinvolture pour de nouvelles négociations.

Il va fuir toujours, insaisissable dans son monde hors du monde, clandestin dans le nôtre, car, anesthésié et délictuel, une espèce de pacte de mort par regret de la vie le repousse à ses violences. Finalement il souffre de ce qui fait sa séduction, sa singularité, et devient un être pervers qui joue avec la loi et l'affection. Mais à chaque instant, il se reconstitue autour d'une identité qui le distingue des autres, qui le fait s'imaginer que le monde l'exclut ou le craint, que le médecin s'apitoie ou bien le maintient à distance, ayant sans cesse le projet d'en finir avec ses chaînes, de laisser son monde marginal et précaire mais plein de compagnons de la même chute, liés au même banc de galériens – avec lesquels il ne sait d'ailleurs pas tisser de lien affectif, mais seulement des liens de négociation ou de reconnaissance entre compatriotes, les habitants du monde du miroir. Et cela le renforce dans le secret que les non-drogués ne peuvent comprendre.

A la longue, l'entourage se lasse, se décourage, mille fois floué, mille fois exploité et mille fois refait, il n'y a plus de ressort pour réinvestir la rencontre. C'est ainsi que s'achèvent souvent les histoires... dans l'exclusion! Le miroir est désormais étanche.

Constater que le toxicomane fuit la réalité peut également faire dire qu'en contrepartie celle-ci le fuit. Pour le lester et l'ancrer, il faudrait pouvoir présenter cette réalité en schémas crédibles, clairs et perceptibles, avoir un point de vue cohérent et sans ambiguïté sur la drogue. Or, par définition, il ne peut être que protéiforme : la toxicomanie est un délit quand on en vit, mais elle est également une grande souffrance, et il est difficile d'isoler l'un de l'autre.

Certes, cultiver, traiter, trafiquer est l'apanage de groupes clandestins et criminels qu'il convient de combattre, mais comment intervenir sans injustice chez ceux qui trafiquent parce qu'ils en usent et en font commerce pour pouvoir en utiliser, sous peine de grands troubles liés au manque? Car ils n'ont comme ressource que de négocier ce qui à la fois les détruit, les enchaîne et les maintient.

Peut-on, dans le même temps, réprimer cette toxicomanie et encourager implicitement son usage par la vente libre des seringues? L'injonction contradictoire semble décidément être inhérente à la drogue : le « ne vous shootez pas » recommandé en même temps que « shootez-vous propre » n'est pas si facile à exposer, même si la contradiction n'est qu'apparente et qu'il s'agit de deux niveaux de langage. L'éducation sanitaire reste réaliste quand elle dit : « il faut à chaque prise une seringue propre », « si vous ne le pouvez pas, désinfectez-la au moins à l'eau de Javel », ou encore : « il ne faut pas échanger la seringue » et « si vous le faites pourtant, désinfectez-la »... « mais quoi qu'il en soit, ne vous piquez pas! ». Ces affirmations balaient un paysage contrasté où l'interdit n'est pas clairement annoncé. Il va de la peur du gendarme à la peur du virus, mais n'explicite pas le mal infligé à la personnalité par cette pratique.

Par quelle voie s'adresser à quelqu'un derrière le

miroir? Par voie d'affiches? Par messages télévisés? Ces moyens ne sont reconnus que tant que l'on reste du bon côté de la vitre, celui où l'on peut se permettre une distance entre le monde et sa représentation. Ils restent opaques, voire incompréhensibles, pour qui a franchi les frontières. Les promoteurs de ces campagnes ont pourtant l'impression de faire œuvre utile contre le fléau, alors qu'ils n'ont probablement fait que le rendre encore plus mystérieux, plus attractif par son aspect scandaleux et transgressif...

« La drogue c'est de la merde! » affirmait une campagne. Justement, la provocation retourne ce slogan incitatif contre l'institution qui le produit... car elle montre son mépris. Et si elle méprise la drogue, alors c'est que celle-ci est une bonne chose. « En avoir c'est se faire avoir », dit également un autre joli slogan, qui oublie que c'est justement la revendication d'un toxicomane, de se faire « avoir », en étant un objet d'amour, et donc de « possession » pour les autres.

Peut-on banaliser la conduite d'un toxicomane intraveineux comme on le faisait pour les opiomanes fortunés et élitistes d'avant-guerre? L'emprise est trop profonde, trop contraignante, trop chargée de sens. On ne peut vraiment espérer l'insérer dans la routine quotidienne du travail ou du cercle des amis, de la légèreté du temps qui passe, comme on pourrait le faire pour un alcoolique mondain, le sachant porteur d'un secret aussi lourd, aussi destructeur. C'est pourquoi un toxicomane intraveineux ne peut se détacher des réseaux qui l'accompagnent sans un immense effort... se détacher de ses semblables, qui sont les seuls à le reconnaître – et, s'il a été un jour pris, remarqué, catalogué, des instances médico-psycho-sociales, son parcours du combattant, à moins qu'il n'ait abouti dans quelque société thérapeutique aux allures de secte, ou ballotté dans les allers-retours sans fin entre prison et psychothérapie.

Peut-être souffre-t-on pour le cerner d'un défaut d'identification. On a pu dire à l'époque que l'usage généralisé et banalisé de l'alcool conduisait à l'alcoolisme. L'assommoir signait la société industrielle. Par analogie, peut-on dire que la drogue intraveineuse, quand se développe la technologie, avec son économie et ses effets, signe le passage d'une société perceptible par les sens à une société plus abstraite dont l'image et la représentation semblent prendre leur indépendance par rapport au modèle réel? Ce sont les années 70 qui ont vu la croissance de l'image et la survenue de l'univers virtuel par la généralisation du phénomène télévision. Ce sont ces mêmes années qui ont été marquées par l'ampleur de la toxicomanie intraveineuse comme phénomène social. Il y a là sans doute convergence... Convergence entre le pacte diabolique du toxico et le règne diabolique de l'image. Dans les années 50, les médecins classaient encore les toxicomanes comme des pervers. Qui oserait reprendre à son compte une telle classification? Si la toxicomanie est ressentie comme plus dangereuse que l'alcool, qui a été et reste un épouvantable fléau de masse, très meurtrier, alors qu'elle concerne infiniment moins de monde, c'est qu'elle est contingente et peut être conséquente de cette dislocation entre la réalité et son expression.

Enfin, depuis les années 83-85, il y a le sida. La communauté, si tant est que l'on puisse identifier un ensemble communautaire sur de tels comportements, la communauté des usagers des drogues intraveineuses a été profondément décimée, et l'est encore, par le fléau. Mais, et c'est certainement une autre histoire, la maladie quelle qu'elle soit ne signifie pas la mort, y compris pour cette maladie-là, pourtant tellement meurtrière...

Tous les médecins le savent : la maladie est un langage, et en matière de langage on se demande bien qui fut chargé de vulgariser la souffrance qui s'exprimait par l'intermédiaire du sida, pour en faire ce fléau d'apocalypse, comme s'il était pire de mourir de cette façon que de cardiopathie ou de cancer... Néanmoins, il est vrai que le virus a largement frappé les toxicomanes, faisant une sorte de maladie au carré, la maladie dans la maladie... Mais ce n'est jamais ainsi que cela se présente, et parfois la séropositivité a été ressentie comme un facteur équilibrant, une limite enfin qui permettrait de se reprendre, se refaçonner autour d'un danger cette fois réel et perceptible : le miroir explose devant l'imminence de la fatalité et, dans le drame absolu qu'est la révélation d'une atteinte très grave, la réalité se densifie pour affronter ce nouvel état. Ce qui n'empêche pas, dans d'autres cas, la poursuite d'un jeu mortel, et la séduction tragique auprès des soignants d'une danse de mort à laquelle finalement on ne croit pas...

Le langage populaire parle à l'égard de la morphine ou de l'héroïne de drogues « dures » et c'est justice, par la destruction, l'accoutumance et les troubles qu'elle entraîne. Mais l'adjectif est porteur d'un autre sens. Peut-être est-ce pour éprouver le « dur » d'un monde évanoui et insaisissable que les sujets se droguent?

C'est en tout cas la première maladie qui voit le médecin se trouver en prise directe avec un monde virtuel fréquenté par les usagers qui deviennent des malades. Souvent, je me suis demandé si les récepteurs stimulés par les drogues n'étaient pas les mêmes qui s'ouvraient aux mystiques, tandis qu'ils abandonnaient la réalité contingente pour se retrouver dans l'océan extatique de leur intimité d'amour avec Dieu. Ils y parviennent au cours d'une vie d'ascèse, de prière, d'amour et d'austère abandon, et c'est la voie du ciel.

Les toxicomanes solliciteraient les mêmes groupes de cellules. Ils se sépareraient eux aussi de la réalité, mais par une chute vertigineuse qui les coupe de la communauté des hommes, et c'est le chemin de l'enfer. L'extase de la drogue n'est que la triste monnaie d'échange que le Démon leur livre pour mieux les perdre.

Toutes les époques ont connu la drogue. Mais son usage était réservé soit à une élite qui en devinait le maniement et la contrôlait, soit aux États qui la trafiquaient dans des terres lointaines pour en tirer des bénéfices sans altérer la santé des nationaux, au mépris de celle des indigènes – comme l'Angleterre sut le faire en Chine, la France en Indochine, les Américains au Vietnam... – soit enfin aux cultes, en particulier les précolombiens, qui savaient l'entourer de rituels et diriger son usage.

Notre civilisation est la première qui allie drogue et technologie, c'est-à-dire la seringue ou le médicament industriel; et même si elle le déplore et le combat, elle le permet par sa logique économique; c'est là un autre paradoxe. Du coup, elle ouvre sur son usage collectif sans discernement, fabriquant un fléau social sans précédent – sans compter la diffusion d'une épidémie mondiale. C'est ainsi que le phénomène de la drogue devient une particularité en soi, hors de toute finalité mystique, religieuse ou politique, et que les usagers ne sont pas aptes à le maîtriser. Bien des religions, en particulier orientales, rejettent l'univers matériel comme étant la *maya,* l'illusion de l'absolu. Et la seule quête qui vaille selon elles est de rechercher par la contemplation, l'ascèse et le rejet du temporel l'absolu du néant – ou de Dieu – par-delà les apparences.

La civilisation occidentale, pourtant fortement ancrée dans le profane, est parvenue à force de technologie à déréaliser d'une certaine façon le réel, rejoignant en cela, mais d'une façon perverse, la démarche de l'Orient.

En ce sens, la drogue est une clé qui ouvre sur la cohérence du réel. Elle amène ses usagers au bord du monde, en les faisant douter de la substance même de la matière.

4

Le démon du virtuel

La drogue, comme phénomène social, arrive donc à point nommé pour ajuster nos structures mentales à ce démaillage du réel. Cette dislocation lente est une particularité unique, et même si elle évoque, par son ampleur, le relâchement des mœurs qui a marqué toutes les fins de civilisations, elle est beaucoup plus puissante que par le passé, car des instruments prodigieux ont participé matériellement à cette destruction.

Le premier de ces outils a été le cinéma, qui a fait croire aux hommes en un imaginaire quasi réel. Il a grandi en même temps que la radio, si bien que ces deux champs médiatiques ont poursuivi chacun une carrière autonome dans la représentation de la réalité, avant de se fondre en un seul et monstrueux avènement, celui de la télévision. Celle-ci devait interpréter si bien la réalité qu'elle en a créé une de rechange.

Au début, le cinéma ne s'est pas pris très au sérieux. Il s'est vécu comme un outil d'illusion, n'osant s'affirmer comme un art à part entière. Il profita des possibilités de sa jeune technologie pour s'annoncer comme un divertissement spécialisé dans le fantastique, le burlesque, le mélo et le sensationnel. L'audace venant, il se prit pour du théâtre. Cependant, même si la construction des récits pouvait relever de ce genre, c'était une fausse analogie : l'illusion du mouvement, l'espace, le temps, mais surtout la multiplicité des points de vue, c'est-à-dire des regards, l'interdisaient.

Il finit par le reconnaître, tandis qu'il se dotait de ses conventions propres. Il se permit des interrogations existentielles : la caméra est certes un point de vue, mais lequel? celui de l'un des héros? d'un spectateur de théâtre placé de face? celui d'une sorte de puissance ubiquitaire, tantôt ici et tantôt là, tantôt dans un personnage et tantôt dans l'autre? Était-il le point de vue du destin auquel les dieux de l'Olympe eux-mêmes devaient se soumettre? Puisque l'on montrait quelque chose, il fallait explicitement dire qui regardait à ce moment et pourquoi. Un objet qui traverse le champ de la caméra doit avoir de bonnes raisons de le faire. Dans ces conditions, le cinéma créait un monde, artificiel, que l'on devait – contrairement aux romans – découvrir par l'intermédiaire de ses propres yeux. Ce faisant, il renouait avec une vieille lecture, celle des tableaux anciens, la lecture mystique et métaphorique.

Dans un conte de fées, dès l'annonce du « il était une fois », on identifie le genre et les règles : le drame sera situé dans une époque très lointaine, dans un pays incertain, au-delà de l'Histoire, et comme l'Histoire ne s'est pas encore mise en route, ni les événements ni les lois de la nature ne sont encore stables. C'est la conduite judicieuse et avisée du héros qui va les assurer et les fixer.

La caméra tâtonnait et redécouvrait, avec le mouvement, des lois pressenties universellement par l'image et sa signification. Les pionniers édifiaient les règles pour que le récit soit, non pas crédible, mais plausible, de façon à pouvoir faire basculer l'annonce du « il était une fois » vers le « il serait une fois », voire le « il sera une fois » et pour finir, affirmer « il est une fois ».

A mesure qu'il gagnait ses galons, le cinéma avait protégé la réalité de son pouvoir de conviction. Il avait acquis un rituel et un cérémonial : l'écran, la salle obscure où l'on regarde en commun, dans le silence, lors de séances comme pour une parenthèse magique, pour la détacher de la vraie vie – celle de l'existence et de la mort des gens, où il n'y a jamais de *happy end,* mais des hauts et des bas, des bonheurs et des malheurs, des joies et des misères, des instants d'ennui et des instants d'amour.

Il s'est trouvé alors quelques esprits, malgré tous les rituels et toutes les précautions, pour penser qu'une vie d'homme n'est en somme qu'un mystérieux scénario, se déroulant dans l'espace et le temps, selon le dessein du grand metteur en scène de l'univers. C'est d'ailleurs une constante. Chaque fois qu'une représentation mentale est utilisée pour soutenir un cheminement intellectuel, elle devient un schéma possible. C'est ainsi que Dieu a souvent changé de métier. Avant d'être magnat du cinéma, il avait été horloger au siècle passé, tandis que l'on comparait le monde à une mécanique dont on essayait de démonter les rouages, ou même architecte d'un univers parfaitement équilibré. Quant à l'être humain, il était expressément une machine, un pion dans l'agencement quasi automatique du monde.

Malgré les précautions, le cinéma a induit une représentation du monde qui a fait descendre l'imaginaire dans la création. Et les humains se sont mis à penser le monde, à le réaliser à leur façon, en agençant des destins et des situations pour les livrer à la perception immédiate. Travail de création crédible et plausible par l'ubiquité de la caméra. Les réalisateurs ont fabriqué une nouvelle genèse en se servant des schémas universels qui structurent depuis toujours la compréhension humaine... On a pu ainsi juger qu'une œuvre était aboutie quand on parvenait à reconnaître les grands thèmes et les mythes éternels. C'est ainsi que le cinéma a fouillé dans les greniers de l'humanité, exhumant les matériaux et les composantes de la condition humaine. Ce faisant, il a puisé dans ce que Jung a appelé les archétypes, sorte de schèmes constants du patrimoine, appelés encore inconscient collectif.

Les technologies surviennent en leur temps, dans un contexte culturel, politique et industriel très daté. Mais si elles sont témoins de leur époque, elles influencent en retour sa compréhension et suscitent de nouvelles interrogations. Et, puisqu'elles sont l'aboutissement concret de représentations mentales, elles deviennent des points d'appui pour d'autres thèmes structurants et novateurs. C'est pourquoi le cinéma signa son temps – et plus jamais les choses ne furent perçues comme avant, car désormais, d'un certain point de vue, « tout était film »... Et c'est pourquoi aussi ce n'est pas un hasard si la télévision est née en même temps, ou peu s'en faut, que la bombe atomique. Le passage de l'un à l'autre, contrairement aux apparences, n'est pas un processus continu. Il correspond à un « changement de paradigme » qui nous a fait sauter un pas gigantesque vers la déréalisation de la réalité.

Pour comprendre ce pas, il faut tout reprendre depuis le début, c'est-à-dire depuis 1927 précisément. Depuis que l'on avait expulsé, au XIXe siècle, Dieu de la matière, la représentation du monde allait donc de plus en plus dans le sens d'une gigantesque mécanique, construite en strates et ramifications complexes, mais réglées par des lois immuables qui régissaient l'espace et le temps, les mouvements biologiques et les mouvements des étoiles, les structures vivantes et les structures inanimées... Et si l'on n'avait certes pas encore tout mis en équations, on allait dans le bon sens : un ultime effort de compréhension, et la solution serait à portée de main.

Ainsi se représentait-on le monde, tandis que le cinéma poursuivait sa brillante carrière.

Dans les laboratoires de recherche en physique des particules, pourtant, cette représentation s'effondrait, et l'univers se retrouvait sens dessus dessous. A tel point d'ailleurs que l'on manque désormais de repères stabilisants – non que l'on soit sans modèle, il y en aurait sans doute trop! mais aucun n'est vraiment satisfaisant, depuis ce mois d'octobre 1927, date de la cinquième conférence de physique qui réunit le gratin des physiciens de l'institut Solvay de Bruxelles.

Cette conférence a consommé la rupture entre deux courants de pensée : les partisans d'un univers qui n'avait pas encore livré tous ses secrets, et où il existait des lois fondamentales (variables cachées). On ne savait pas encore les voir, certes; mais elles livreraient un jour tous leurs secrets. Et les partisans de celui dans lequel il fallait se résigner à ne jamais rencontrer d'ultime machinerie, car il était caractérisé par un principe d'indétermination. Einstein faisait partie de la première famille, comme en témoigne son célèbre : « Le Vieux (*i.e.* Dieu) ne joue pas aux dés! » Toutes les représentations qui seront avancées désormais, concernant la nature et l'esprit, vont rester sur une crête incertaine, où l'on peut facilement basculer, au gré de son tempérament, vers une conception philosophique, métaphysique ou matérialiste, pourvu que l'on accepte que les constituants de la matière ne soient pas des objets mais des combinaisons d'entités et des forces impossibles à jamais répertorier en un schéma fixe.

Si l'on est doté d'une culture médicale, on a plutôt tendance à se référer à l'horloger ou à l'architecte, pour peu que l'on pense à la nature en termes spirituels... Mais les médecins n'ont pas encore pris la mesure du grand séisme de 1927... et ils sont restés de l'autre côté de l'image.

Le modèle d'univers proposé par Rupert Sheldrake a le mérite d'ouvrir une voie originale et poétique, autoréférencée, du monde, qui le renvoie à sa propre représentation. Il se rapproche selon moi du schéma du « Grand Metteur en scène » qui tourne un divin scénario. Tout serait improvisé dans les limites du script – car nous n'avons eu accès, pour le moment, qu'au script uniquement.

Rupert Sheldrake ne pense certainement pas en termes de cinéma, car c'est un biologiste. Il se situe dans la lignée déjà très abondante tracée par les physiciens quantiques, de ceux qui jettent sur le monde un autre regard. On le placerait volontiers dans la généalogie de la *Bootstrap Theory* (théorie du « lacet de chaussure », en hommage au baron de Münchhausen, qui se tirait lui-même par ses cordons de souliers pour se sortir de l'eau) élaborée par Geoffrey Chew dans les années 60. Elle dit en substance qu'aucune particule n'est plus fondamentale qu'une autre, et aucune ne constitue un objet séparé. Chaque particule est constituée de toutes les autres particules qui changent de niveau d'interprétation, et semble avoir le pouvoir de s'autocréer, car elle n'est pas un objet en soi, mais un état intermédiaire dans des réseaux ininterrompus de processus énergétiques.

En s'interrogeant sur les formes que prennent les objets et les organisations, il propose un concept nouveau, baptisé « champ morphogénétique ». Il avance que tous les objets de l'univers, de la particule à l'amas galactique, mais également toute organisation, qu'elle soit matérielle, comme une structure physique, chimique ou biologique, ou immatérielle, comme un système social, politique ou économique, seraient en eux-mêmes des champs d'information guidant tout système vers des formes et des schémas d'organisation et d'activité.

Ces champs seraient arrangés en hiérarchies à l'infini, présentant, selon la formule d'Arthur Koestler, les propriétés des holons, ou entités à tête de Janus... Ces entités sont une partie d'un ensemble en regardant vers le haut, et l'ensemble lui-même, qui est la somme des parties, si l'on regarde vers le bas. Ces mêmes parties ayant les mêmes propriétés en descendant, et ainsi de suite, de strate en strate, comme s'emboîtent les poupées russes.

Ces champs ne seraient pas une construction intellectuelle, à l'instar des archétypes de Platon, flottant dans un éther éternel et abstrait, mais des « champs miroirs » formés par les choses mêmes qui les constituent. Ce qui impliquerait que chaque être, chaque objet, au fur et à mesure qu'il s'organise, transmet son expérience au champ de référence qui le concerne, et ce champ à son tour transmettrait à l'ensemble des êtres ou des objets homologues qui le composent cette expérience particulière. Celle-ci en retour serait renforcée par la confrontation avec toutes les autres du même type... Et ainsi de suite.

Ce processus, par lequel des formes situées dans des temps et des lieux différents s'affecteraient mutuellement, s'appellerait la « résonance morphique ». Mais ce mot « résonance » est à comprendre dans le sens métaphorique, car il ne s'agit pas d'une quelconque transmission d'énergie.

Sheldrake pense que plus des individus apparaissent dans une espèce, plus ils renforcent le champ morphogénétique, qui lui-même rend encore plus probable l'apparition de l'espèce. Certains champs existent depuis si longtemps, et ont été si souvent renforcés, qu'ils ne varient plus sauf accident cosmique.

Peut-être pourrions-nous retrouver des notions pressenties par des esprits très intuitifs dans ces champs morphogénétiques... tel l'élan vital de Bergson ou les fameux archétypes de Jung.

Les dinosaures ont dominé la terre pendant des millions et des millions d'années et leur champ morphogénétique était forcément très puissant. Ils ont disparu brusquement à la suite d'une catastrophe cosmique. Si l'on considère l'hypothèse de Sheldrake, les dinosaures n'existent plus mais leur champ existe encore.

Quand les hommes se sont mis à réellement avoir prise sur la matière, ils ont créé des formes qui n'avaient jamais existé. Il me plaît de penser qu'ils ont retrouvé des représentations vacantes, mais comme ils répétaient mécaniquement les processus biologiques, ils ont capté intellectuellement les traces symboliques des grands animaux. Comme une molécule de synthèse mime les principes actifs en imitant leur forme pour se loger sur les sites où ils agissent... ils ont mimé les silhouettes schématiques de leurs contours.

Le XIXe et surtout le XXe siècle ont été des siècles

de fer, de feu et de sang. On a sorti du sol des matériaux enfouis depuis la genèse. On a tiré l'énergie des carburants fossiles issus d'holocaustes géants de forêts inouïes. L'énergie contenue dans le charbon et le pétrole avait été fournie durant des millions d'années par un soleil jeune et puissant, qui avait fait croître et multiplier des plantes vertigineuses sur la terre des dragons et des bêtes de légende. En remontant des entrailles de la terre ces forces venues du fond des temps, les hommes en imitant les dieux ont rejoué sans le savoir les processus de la création, en faisant revivre mécaniquement des clichés qu'ils avaient inscrits dans une mémoire phylogénétique. Ils ont remis en scène des formes obligées de ces fabuleux animaux qui passaient leur temps à se faire la guerre, à migrer, s'entre-dévorer et brouter des hectares de fourrages en quelques instants de féroces transhumances. Les formes sollicitées par l'énergie fossile ont permis aux fantômes des animaux de l'aube de pulluler à nouveau dans les airs, sur terre, sur l'eau et sous les mers, reprenant leur combat de Titans et rôdant autour de la nourriture, se battant pour accroître leur territoire et revendiquer leur empire. On a répété avec des chars, des avions, des sous-marins, des bateaux et des bombes des scènes sorties des coulisses de la préhistoire. En cherchant à remonter la mécanique de la nature, les hommes ont réanimé des processus antédiluviens. Mais quand on libère ces forces élémentaires, à l'instar de Prométhée qui se retrouve enchaîné à la terre, l'âme dévorée perpétuellement, on libère aussi le feu du ciel et on y perd son innocence. Pour terminer la plus monstrueuse des guerres de tous les temps, on lâcha sur la terre la puissance même du soleil. Elle était l'aboutissement d'une spirale de recherches issue des interrogations sur l'essence de la nature en un enchaînement obligé – car, chaque fois qu'un bond technologique permet la compréhension et l'investigation d'un nouveau champ de la connaissance, il entraîne sans doute des avancées, mais déclenche surtout des effets latéraux, conséquences incroyablement plus nuisibles que ses effets directs... et il faut s'efforcer de les réparer ou les combattre, sans doute avec de nouvelles technologies.

L'énergie de l'atome, dès que le schéma scientifique en fut élaboré, détermina la fatalité de la bombe porteuse d'une puissance de destruction encore jamais égalée. On s'y précipita à marche forcée et, quand elle explosa, elle ouvrit le monde en deux et prépara une manière d'apocalypse – car rien, jamais, ne s'inscrirait plus comme avant dans la logique d'une histoire événementielle. Non pas tellement par les effets de la bombe elle-même (encore qu'ils fussent monstrueusement inédits) : la guerre avait fait souvent en une seule action des victimes en plus grand nombre (Dresde, par exemple). Mais parce qu'elle annonçait la recherche tâtonnante d'un autre point de vue sur la nature, d'où les certitudes d'antan seraient pour toujours exclues. Avec l'atome, en effet, deux hypothèses fondatrices avaient vu le jour : la relativité et la compréhension « quantique » de l'Univers. On franchissait de la sorte une limite – on quittait l'époque du strict enchaînement des causalités pour entrer dans l'ère des contingences, des synchronicités... La question du sens de la vie, éternelle et lancinante question, venait simplement d'être posée différemment.

C'est en effet après cette ère que l'on doit situer la survenue de la télévision. Elle n'est pas directement la fille du cinéma, même si elle le rappelle par de nombreux aspects, comme la bande dessinée rappelle le livre illustré. Elle descendrait plutôt de la radio, dont elle a annexé une grande partie du territoire, mais, bien entendu, elle ne fait référence qu'à l'image et aux formes. Elle est à l'origine d'un profond bouleversement dans la perception du monde et d'une représentation de la réalité sans précédent sur la terre, sinon dans les contes de fées. C'est, dans le vrai sens du mot, un objet « quantique », puisqu'elle découpe la connaissance en paquets discontinus et autonomes. Elle est témoin de son temps, alors que l'Histoire n'est plus compréhensible par les codes jusque-là en vigueur.

L'espace télévisé n'a pas toujours été perçu comme nocif; au contraire, il était même reçu comme plutôt bon enfant : le cinéma à domicile, le café-théâtre, les nouvelles qui imitaient les actualités de quartier et les informations de la radio, les sports, les voyages... C'était en somme un jouet pour adulte, un jouet magique, une fenêtre sur la vie, affranchie des contraintes du temps et de l'espace, donnant un point de vue ludique, un peu voyeur et nonchalant, sur les affaires d'ici-bas, et façonnant en quelque manière la culture d'un honnête homme au gré de ses choix. C'est ce que d'aucuns pensent encore. Après tout, nul n'est forcé de la regarder. La multiplicité des chaînes et des programmes permet de « zapper » pour sélectionner à loisir son émission préférée, et si l'on n'est pas satisfait, on peut tout simplement éteindre pour se livrer à d'autres activités, ou aller se promener.

... Mais ce n'est pas ainsi que cela se passe – parce que la télévision est beaucoup plus insidieuse par les effets pervers qu'elle a déclenchés. Introduite dans chaque foyer, son usage a contribué à démailler les liens familiaux, dans la mesure où ils existaient encore. Les appartements des villes industrielles n'admettent pas la cohabitation de trois générations, faute d'espace, et les grands-parents ne participent en général plus à l'éducation, puisqu'ils finissent leur vie ailleurs. Les parents consacrent moins d'attention à l'éducation des enfants, faute de temps. C'est ainsi que la télé arrive à s'immiscer dans cette absence de magie, d'irrationnel, de tendresse, de rire et d'émotions que détenaient les grand-mères, et qu'elle est devenue une manière de gardien du foyer en captivant le regard et l'intérêt des petits.

La capture du regard est d'ailleurs la spécificité de la télé : quand on regarde, on ne peut avoir d'autres activités. Pour conserver ce regard, elle a inventé peu à peu les moyens de cette emprise et conditionné les spectateurs à comprendre son langage.

Dans les premiers temps du cinéma, les gens, éduqués par le théâtre, mirent du temps à saisir les nouvelles libertés permises par la caméra. Dans un film, par exemple, on pouvait à la fois défiler dans la rue et, la seconde d'après, avoir le point de vue de celui qui regarde ce défilé de son balcon. C'était précisément cette liaison à la vitesse de l'éclair, cette transition d'un personnage à l'autre qui était la nouveauté, et qu'il fallait acquérir. De même, pour montrer que le temps passe, on pouvait finir un plan en diaphragmant lentement jusqu'à ce que tout devienne noir et, quand le diaphragme se rouvrait lentement l'instant d'après, cela signifiait qu'une certaine durée s'était écoulée – quelques jours, quelques mois... quelques années. Ces trucs devenaient un langage familier pour tous. Montrer une scène d'en haut, comme si quelqu'un la regardait depuis le plafond, voulait dire que le destin, la fatalité désormais allait s'exprimer inexorablement sur les décisions ou les aventures des héros – comme si l'on avait montré le regard de Dieu...

La télévision bien sûr hérita de ces trouvailles, mais découvrit également ses propres règles et ses cadrages.

Dans la vraie vie, il y a des hauts et des bas, des moments de silence et d'autres d'euphorie, des moments de recueillement et d'autres d'ennui. La télévision, elle, devait entretenir un état de veille permanent. Elle ne pouvait pas se permettre ces ruptures de rythme, sous peine de perdre ses clients. Alors, pour fasciner ses fidèles, pour les retenir coûte que coûte, elle dut transformer en spectacle toutes les manifestations qu'elle relatait – à commencer par les nouvelles du monde.

Pour que les téléspectateurs puissent capter une

information, qui sollicite tout de même une mise en perspective, elle comprit qu'il fallait la livrer de façon brève, très dense et finie. Il fallait donc la transformer en un tout petit scénario – le cousin germain du « clip » – chargé d'émotion, d'horreur et de violence, pour frapper et sidérer l'imagination, pour rendre recevable la dépêche... Si l'on n'avait pas d'image à montrer, si elles débordaient en longueur ou en violence, ou au contraire en banalité, elles ne répondaient plus au formatage et ne méritaient pas d'exister. C'était un morceau de réalité qui allait à la poubelle... Du coup, le monde a semblé étrange, sauvage et désespérant. Une éternelle guerre se livrait partout dans les lointains, une famino-sécheresse ravageait tel ou tel recoin du monde, tandis qu'une catastrophe épouvantable se produisait sous nos yeux à chaque instant. Les avions tombaient, les ferries coulaient, les trains déraillaient, tandis que les volcans explosaient, que la terre tremblait, et que la pauvre planète, usée par les déchets, roulait sans espoir dans son orbite creuse. Le présentateur ou la présentatrice n'en avaient que plus de mérite de maintenir bravement – ils y montraient leur talent et gagnaient leur gloire – un lien entre les sports et la météo, dans l'incohérence du monde... Mais ce monde se désarticulait quand même, nos yeux en étaient témoins, dans des soubresauts d'agonie.

Le paysage de la terre ne s'était pas brusquement changé en enfer, mais les images, hors de leur contexte, venaient quand même le suggérer. Même si l'on « zappait », toutes les chaînes disaient la même chose! et amenaient insidieusement à la perception du monde atemporel, ravagé de violence, sans répit et sans miséricorde. Il n'y avait plus ni passé ni futur, et le seul mouvement dans cette durée, dans cette statique, était donné par l'actualité, qui poussait sans cesse des nouvelles séries sur les anciennes.

Pour compenser cette impression d'impuissance, la télé fournissait des distractions, des jeux, des émissions auxquelles on pouvait éventuellement participer physiquement, si l'on avait la chance d'être sélectionné. Elle offrait également des sports, des shows et des films, mais, pour attirer l'attention du plus grand nombre, ils devaient avoir la faculté de faire lever une grande moisson émotionnelle. Elle employait de vieux procédés : violence, angoisse, érotisme, burlesque, attendrissement, pitié, dégoût... L'appareil enfoncé dans la familiarité feutrée de l'appartement brassait en réalité, dans le quotidien tranquille des courants primitifs comme en une transe archaïque, barbare et fascinante... Mais chacun, le vivant dans sa propre intimité, ignorait qu'il s'agissait d'une manifestation collective. A vrai dire, les spectateurs avaient acquis à son endroit une attitude ambiguë, sachant bien que ce qu'ils voyaient n'était pas tout à fait vrai... mais étant également persuadés que ce n'était pas tout à fait faux non plus.

Petit à petit, une prothèse de réalité ainsi générée par la télévision s'est installée en parasite entre la perception du monde par les sens, l'intelligence et la compréhension personnelle... et cet étalage virtuel, très convaincant, apporté par l'écran à domicile. Une réalité artificielle, aux propriétes de loupe, grossissant les événements, et pas n'importe lesquels, pour les amener à l'existence, à l'instar des vrais faits. Du coup, pour nombre d'illusionnistes, de poètes et d'aventuriers, il était autrement plus facile de se mouvoir dans ce drôle de monde et d'y faire des gestes que de s'imposer dans la vraie vie où les actions se construisent, se mûrissent et s'arrachent au prix de la souffrance souvent, et de l'effort. Il suffisait de bien connaître les mécanismes et les rouages de la création de cette usine à fantômes, de fréquenter les auteurs et acteurs, producteurs, réalisateurs et journalistes – mais surtout les diffuseurs – pour y parvenir. On pouvait alors surgir de nulle part et acquérir, dans cet espace, une notoriété immédiate. Le temps d'un passage, et l'on pouvait au minimum être reconnu par ses voisins, amis et connaissances, ou faire une carrière. Une œuvre sociale humanitaire acquérait du jour au lendemain une importance considérable. Un mouvement politique ou un groupe débouchait sur cette scène et prenait une dimension nationale, inédite, comme monte un soufflé, pour retomber aussitôt sorti du four... Car la faiblesse ou la force de cet endroit était de ne pas pouvoir mémoriser – on ne peut mémoriser les ombres, bien qu'on les voie... Se maintenir nécessitait donc des passages sans cesse répétés.

Les hommes politiques comprirent tout l'intérêt de fréquenter cet espace virtuel qui leur donnait la vie et la chance de démontrer publiquement le bien-fondé de leurs thèses, actions, convictions. Ils étaient plébiscités s'ils avaient su acquérir une présence de scène, la maîtrise de leur rôle, par des mimiques, des regards, des mots simples, des gestes sobres et précis, des maintiens graves et posés, une voix mesurée. Pour avoir l'accent de la sincérité, il fallait regarder droit devant soi, braquer avec intensité son regard sur l'œil rond et noir de la caméra, au fond duquel il n'y a rien... Et ceux qui permettaient la diffusion, ceux-là étaient les véritables puissances, auteurs de ces déviations. C'est ainsi que, de proche en proche, une fausse relation à un faux réel s'est instaurée entre les hommes. Les nouvelles se sont mises à ressembler aux téléfilms et les téléfilms ont redoublé de violence. Les gens se sont mis à croire qu'ils étaient eux-mêmes dans un film qui racontait la vie quotidienne, et ils ont suscité des caméras. Les caméras ont fait des reportages, ces reportages ont induit de nouveaux comportements, et le monde a semblé bien solitaire.

Car les récits, les reportages, les téléfilms et les émissions n'ont pas pour objet de décrire le vrai monde, mais seulement de fabriquer un espace schématique, compréhensible par tous, qui serve de support à ces projecteurs. Chacun finit par y perdre son bon sens et son goût, négligeant insidieusement les liens de sa vie propre pour mimer ceux de la télé; la société s'uniformise en s'amollissant, le culte des héros individualistes, brutaux et tranquillement prêts à tous sert de référence... Les nouvelles émissions, les *reality shows,* permettent même de descendre dans cette auge pour être intégré au flux des images, quand elles font exploser le cœur même de l'intimité et dépossèdent les hommes de leur ultime rempart du Moi.

Peu à peu, l'ensemble de la société s'en trouve normalisé et évolue par gravité vers une sorte d'anomie, de déstructuration. La tyrannie de la télé a fini par dominer, en influençant habitudes, comportements et culture, à dilacérer cette perception innée de l'Autre – et rien n'existe plus, sinon par le rapport que l'on entretient avec cette prothèse qui miroite, et dit qu'elle existe parce qu'on la voit et croit qu'elle est réalité. La substance du monde s'est vidée dans le monde des images, dont la particularité étonnante est d'être perçue comme une manifestation vivante, mais sans existence... On se croit alors soi-même un acteur de cet immense scénario, une ombre dans ce théâtre d'ombres, que l'on peut valider quand passe une caméra, pour devenir un instant présent dans cette virtualité. A ce moment, ce que je fais à autrui n'a d'importance que par rapport au scénario. L'autre n'existe pas plus que les héros des séries... et mes actes n'ont pas plus de portée que les gestes du rocker s'agitant dans la manifestation d'un clip, le temps de sa représentation. Quoi que je lui fasse, il fera comme moi, il disparaîtra et ira tout à l'heure interpréter un autre rôle, un autre bout de destin, s'il a de la chance un petit bout d'essai... voilà ce que je suis et qui est mon prochain...

Si l'image est devenue toute-puissante, si le monde a été recréé (à l'image de qui, d'ailleurs?) en autoréférencement par la télé, la publicité et le clip ont été ses principaux auxiliaires. Toutes les villes d'Occident ont vu leurs murs et leurs écrans dévorés d'objets rutilants à désirer et d'images de femmes splendides, de jeunes gens beaux, superbes et vigoureux, d'enfants angéliques et de figures du troisième âge rassurantes et patriarcales, de campagnes, de grands espaces et de sources, pour mieux comprendre, pour renforcer le culte du « maintenant », de la possession, de la consommation. Ces idéaux ont été la référence, le paradis terrestre promis parce que montré et donc virtuellement accessible, avec des slogans séduisants, accrocheurs, amusants, des petites musiques et des groupes de jeunes gens effrontés, sympathiques, bruyants et ravageurs... Les images hédonistes ont proliféré pour masquer l'angoisse d'un vieux monde qui se défaisait. Pour que les jeunes ne le sachent pas, on a diffusé des appareils à bon marché que l'on se met sur les oreilles : les baladeurs, où chacun dans son intimité écoute la musique de toutes ses forces, à s'en éclater les oreilles, pour se donner une sorte de transe, de stupeur rassurante, marquée par le rythme de la batterie, qui rappelle invinciblement celui du cœur de la mère perçu par le fœtus... La régression est complète. Le continuum est dissocié. Ne restent que des petits paquets de représentation, s'arrangeant en kaléidoscope tourbillonnant au gré de l'actualité, où l'on ne retrouve plus de projet, plus d'horizon, qu'un arrangement barbare, syncopé, diabolique, rendant encore plus prégnant cet adjectif, « diabolique », qui signifie en fait : séparé, coupé, éclaté.

Les images plein les yeux, la musique plein les

oreilles, les jeunes de l'aube découvrent l'écriture pour laisser la trace de leur passage en tags multicolores encore informes, dans une vie qui à leur sens ne signifie rien.

5

En attendant l'Apocalypse

Si je réfléchis à la tournure que prend notre civilisation si brutale, si mercantile, si mécréante, je constate que nous vivons une époque absolument unique, sans précédent. Nous explorons des rivages inouïs sans repères : tandis que nous faisons nos premiers pas chancelants dans le cosmos, nous fouillons le cœur de la matière et manipulons de nos mains maladroites les germes mêmes de notre humanité. Ces faits signalent, je crois, la fin d'une certaine façon d'être et de penser, et le monde entier semble en attente de signaux nouveaux. Dans cette mesure, nous sommes parvenus à la fin des temps, du moins tels que nos pères les ont connus. Mais personne ne peut parler en termes rationnels de la fin des temps, qui semble inéluctable. Écrivant ces mots, le chrétien que je suis ne peut alors que se reporter au témoignage des derniers jours, l'Apocalypse que l'on présente comme l'ultime révélation, celle de la « fin du monde » – mais je crois que ce monde, marqué par le rythme éternel des champs, des saisons, des royaumes, des pays, ce monde est en train de mourir, et nous ne savons évidemment pas quel autre lui succédera.

C'est pourquoi j'aime consulter l'Apocalypse, pour sa puissance d'évocation poétique, d'images de terreur et de parousie, mais également parce que cet épisode a constamment inspiré peintres, écrivains, Églises. C'est l'un des textes fondateurs de la geste chrétienne. On a cru longtemps que c'était Jean l'Évangéliste lui-même qui l'avait écrit à Patmos. C'est désormais une version que l'on a tendance à abandonner, et si l'on s'accorde pour refuser à Jean la paternité de cette œuvre, il n'en reste pas moins qu'il s'agit d'un texte puissant et prophétique, qui clôt le Nouveau Testament et annonce la venue d'un monde d'extrême violence, où le ciel et l'enfer s'affrontent à l'orée des temps inconnus, pour ouvrir sur une époque cosmique. On imagine le prophète, le dernier prophète de la Bible, Jean ou qui que ce soit d'autre – il ne nous sera pas donné de le savoir – qui interroge l'immensité du temps jusqu'à la fin de l'ère chrétienne. Mais sa vision se mélange à ses interrogations. Elle est imprégnée de ses pensées, de ses doutes, et d'une certaine façon de son impuissance terrestre, car celui qui écrit est probablement un vieil homme. Un prophète, mais surtout un sage, qui en profite pour asséner quelques conseils. C'est une saga prodigieuse qu'on ne se lasse pas de consulter. Par moments, l'hermétisme du récit s'efface et l'on constate avec effroi, ou avec un sourire, l'actualité de ce fabuleux poème.

Nous qui abordons une époque radicalement nouvelle qui suinte d'angoisse et laisse monter les clameurs de son avènement, nous pouvons peut-être l'entendre car nous sommes désormais entrés dans des temps de révélation ou d'Apocalypse avec la civilisation-monde. Cependant, pour nous qui parcourons de l'intérieur cette époque molle et insidieuse, sa familiarité nous en cache les prodiges. Jean, lui qui la regardait de si loin, bénéficiait de l'accélération du temps, puisque sa vision n'était pas soumise à la loi de la terre, et il a probablement vu se succéder des dizaines, voire des centaines d'années en un seul moment, c'est ce qui a abusé peintres et écrivains. Par ailleurs, manquant de références, ou plutôt imprégné de références religieuses, il n'hésite pas à se servir d'allégories. Ce qui fait que, contrairement aux idées préconçues, il ne faut pas s'attendre de la part du ciel à trop de manifestations hollywoodiennes. Des choses surnaturelles surviennent, mais à leur rythme, de manière feutrée, et correspondent aussi à des interprétations. L'Apocalypse peut bien s'étaler sur mille ans et les événements rapportés par la vision revêtir une autre forme que celles que lui prête un homme de l'Antiquité, aussi cultivé soit-il, car il ne peut imaginer une civilisation mécaniste. Ce que je ne nie pas, c'est que Jean ait été transporté en esprit à une époque charnière et qu'il ait vu quelque chose inscrit de toute éternité dans le temps, au rythme accéléré d'une vision extraordinaire. A chacun d'y trouver à son tour ce qu'il a à y puiser... Certes, n'importe quel esprit un peu faible peut décrypter n'importe quoi dans la Bible au gré de ses superstitions...

Quand par exemple le sixième ange détache quatre anges qui étaient enchaînés sur l'Euphrate, il est dit que ceux-ci libèrent vingt mille cavaliers. Ce ne sont pas des cavaliers classiques, mais Jean ne sait pas le dire autrement. Il cherche à les décrire et ajuste son regard à ce qu'il connaît. Il a essayé d'être le plus clair possible, puisqu'il dit : « Les ayant bien regardés, voilà comment ils étaient, les cavaliers et leurs chevaux. Ils avaient des cuirasses incandescentes, couleur de pierre de Jacinthe et de soufre, les têtes des chevaux ressemblaient à celles des lions, de leurs mâchoires sortaient du feu, de la fumée et du soufre. Ils décimèrent le tiers de l'humanité. »

Il est obligé de préciser ce qui lui paraît, même à lui, un peu fort et difficile à avaler pour la physiologie de ces chevaux : « Le pouvoir de ces chevaux réside dans leur mâchoire et leurs queues ont des têtes comme des serpents avec lesquelles elles frappent. » Un homme de l'Antiquité pourrait ainsi décrire des chars d'assaut, avec des canons à l'avant, puisque c'est à l'avant que sont les gueules des bêtes, et des lance-roquettes à l'arrière, comme les « orgues de Staline », qui envoient des projectiles sifflants en grand nombre à la fois.

En contemplant ces événements mystérieux, il essaie le plus loyalement possible de trouver un fil, une histoire qui les raccorde, il le fait avec les concepts mystiques dont il dispose. Et il me parle à moi, personnellement, tant il est vrai que la Bible parle à chacun de nous et l'éclaire...

Voici comment il décrit notre civilisation, qui a engendré deux guerres mondiales, deux grandes idéologies monstrueuses qui se voulaient universelles, dont l'une, la nazie, fut qualifiée de bête immonde, cette civilisation de fer, de feu et de sang, technologique, matérialiste, marchande et impitoyable... Il en parle en effet comme d'une bête de puissance et de mépris [3] :

> « ... Après quoi je me suis assis sur le sable
> Au bord de la mer
> Et j'ai vu sortir de la mer une bête
> Ayant dix cornes et sept têtes. Sur chaque corne
> Était posée une couronne, et sur chaque tête
> Le nom d'un blasphème.
> ... Et le dragon lui fit don de toute sa force
> Et de son trône, et d'un énorme pouvoir.
> Une de ses têtes était même blessée à mort
> Mais sa blessure guérit, alors le monde entier
> L'admira et se mit à suivre la bête,
> Et de plus se prosterna devant le dragon
> Qui avait donné une pareille force à la bête.
> Et c'est à genoux devant elle qu'ils dirent
> “ Qui peut se mesurer à la bête? Qui pourrait la combattre? ” »

Renforçant à nouveau ma déclaration de principe, comme les paysans de jadis dans les campagnes, qui consultaient leur Bible chaque fois qu'ils étaient inquiets, pour y lire les événements et tâcher d'y trouver un sens ou une grille, je reconnais ici la puissance de notre civilisation qui tient ladite puissance du dragon (*i.e.* du Démon). Elle a tant de ramifications, tant de têtes, démocraties, dictatures, nazisme, communisme, trusts internationaux, complexes militaro-industriels. Mais en fait, celle qui m'attire l'œil, c'est plutôt la deuxième bête :

> « Alors, je vis une autre espèce de bête
> Sortie de la terre, portant deux cornes
> Comme l'agneau, avec une voix de dragon,
> Et elle entra au service de la première bête.
> Elle proliféra, et fit de la sorte que la terre entière
> Et ses habitants se mettent à genoux devant
> La première bête, celle qui blessée fut guérie.
> Et elle créa même des phénomènes impressionnants,
> Devant les hommes elle fit pleuvoir sur terre
> Le feu du ciel et elle trompa les habitants de ce monde
> Avec des prodiges destinés à accompagner la bête
> Elle incita ainsi les hommes de ce monde
> A faire le portrait de cette bête qui poignardée
> A pu survivre... »

Mais plus troublante encore est la suite :

> « Et il lui fut donné le pouvoir
> D'insuffler la vie à l'image de la bête

Et de donner la parole à cette image, et de faire en sorte
Que ceux qui ne se prosternent pas devant elle soient mis à mort. »

Avec cette seconde bête, le reflet de la première, j'y vois la prolifération de télévisions à travers le monde, au service de l'idéologie de la modernité. Je ne dis pas que les deux cornes représentent les antennes et que la voix du dragon provient des baffles et des haut-parleurs. Mais quand elle crée « des phénomènes impressionnants » et qu'elle incite les hommes de ce monde à faire « le portrait de cette bête », il s'agit, selon moi, des films, spectacles et magazines qui racontent, renforcent et perpétuent le modèle unique de la civilisation-monde.

Quant aux dernières lignes, elles corroborent ce que je pense de la réalité virtuelle. Celui qui ne se manifeste pas dans cet espace créé par la télévision n'existe pas, il appartient à la vraie réalité, c'est-à-dire au néant, il est donc mort! La deuxième bête met le monde à l'envers.

Dans ce même texte, Jean en profite pour dire leur fait aux sept Églises et prodiguer des leçons de politique qui restent actuelles :

« A l'ange de l'Église de Laodicée, écris :
... Je connais tes œuvres. Tu n'es ni froid ni chaud
Alors que tu aurais dû être l'un ou l'autre.
Mais n'étant ni chaud ni froid mais tiède,

Je vais te vomir,
Car tu dis “ je suis riche. Je me suis enrichi
Et je n'ai besoin de rien ”. Mais tu ne sais pas
Que tu es un malheureux, un vaurien, un pauvre
type
Aveugle et nu. Je te conseille de m'acheter
De cet or incandescent si tu veux t'enrichir,
Et des vêtements blancs pour t'habiller afin de
Cacher ta pitoyable nudité, et des gouttes
De collyre pour tes yeux, si tu veux voir.
Moi, ceux que j'aime je les mets à l'épreuve
Et je les forme. Montre du zèle et repens-toi! »

Chacun peut de la sorte y trouver son compte. Surtout les politiques qui gouvernent à coups de sondages et de consensus... n'étant ni chauds ni froids, mais tièdes!

Les habitants d'Ukraine quant à eux se sont reconnus quand le troisième ange sonne la trompette :

« Et le troisième ange sonna.
Alors tomba du ciel une énorme étoile
Flambante comme une torche, et elle fondit
Sur le tiers des rivières et des sources.
Le nom de cette étoile est Absinthe,
Le tiers des eaux se mélangea à cette absinthe
Et beaucoup moururent d'empoisonnement. »

Car en ukrainien, dit-on, absinthe se dit « Tchernobyl ».

Je ne voudrais pas citer ou souligner l'ensemble de l'Apocalypse, mais notre époque a vu cavalcader les quatre cavaliers aux quatre coins de la terre : la guerre, la famine, la peste et la mort – et par peste, il faut entendre bien sûr les épidémies. Il n'est qu'à lire les journaux ou plutôt entendre et tenter de suivre les nouvelles données par les télévisions pour contempler le sillage des cavaliers, et si l'on oubliait le bruit de leurs sabots, les présentateurs auraient tôt fait de nous les rappeler sous la forme dramatique des anges exterminateurs, qu'ils s'appellent Pol Pot, Mengistu, Staline, Hitler... qu'ils se nomment sida, tuberculose ou paludisme. L'Apocalypse est plus que jamais d'actualité, puisque nous sommes arrivés en ce lieu où il n'y a plus d'espace, plus de temps, mais des images, orphelines dans cet espace virtuel qu'une actualité pousse vers une autre et qui s'enchaînent en un rythme accéléré, d'où s'échappe l'émotion certainement mais dont on ne voit pas le sens... La Bible en tout cas me permet, comme elle l'a permis à bien d'autres avant moi, de m'y retrouver.

Cependant, ce serait un exercice bien vain que de vouloir faire coïncider des écrits bibliques à la réalité quotidienne. Il faudrait se contorsionner, et sans succès d'ailleurs, pour calibrer la réalité à l'aune des textes anciens.

Il reste pourtant le ton, le sens global, qui éclaire le présent et le vitalise. Car jusqu'alors, les activités humaines se reproduisaient éternellement, les mêmes causes amenant les mêmes effets, les mêmes schémas.

Pouvoir, envie, cupidité, désir et injustice entraînaient les mêmes comportements avec la même soif de justice, de paix, de fraternité et d'amour, toujours bafoués, jamais atteints; chaque génération pouvait quasiment calquer son histoire sur la précédente. Comme dit l'Ecclésiaste, ce qui a été, c'est ce qui sera. Il n'y a rien de nouveau sous le soleil. Et si l'on dit d'une chose « Voyez! C'est nouveau », elle existait déjà aux temps passés... et tout ce qui se fait sous le soleil est vain. Tout est vanité et pâture du vent...

Pourtant, notre génération – parce qu'elle est celle où la civilisation s'identifie au monde – a atteint des contrées, où la sagesse de Qohélet, l'Ecclésiaste, ne permet plus de décoder notre vie, et si tout reste encore vanité des vanités et poursuite du vent, la perception globale de notre environnement, le parasitage de la réalité par la virtualité des images et des informations ont fait exploser le cadre de l'espace et du temps dans notre compréhension. Le fameux « il y a un temps pour tout », le socle même de la vie qui s'écoule, ne tient plus. Tout survient en même temps, dans le temps fictif de notre perception.

> « Il y a un moment pour chaque chose sous les cieux.
> Il y a un temps pour naître et un temps pour mourir,
> Un temps pour planter et un temps pour arracher ce qui a été planté,
> Un temps pour tuer et un temps pour soigner,

Un temps pour démolir et un temps pour bâtir,
Un temps pour pleurer et un temps pour rire,
Un temps pour gémir et un temps pour danser,
Un temps pour jeter des pierres et un temps pour les ramasser,
Un temps pour embrasser et un temps pour se quitter,
Un temps pour chercher et un temps pour perdre,
Un temps pour garder et un temps pour jeter,
Un temps pour déchirer et un temps pour coudre,
Un temps pour se taire et un temps pour parler,
Un temps pour aimer et un temps pour haïr,
Un temps pour la guerre et un temps pour la paix [4]. »

Mais avec la conscience d'appartenir au monde global, l'écoulement du temps a disparu. On naît en clinique et souvent cette naissance est programmée; on meurt à l'hôpital, incognito et secrètement, et la mort est incomprise comme une espèce d'échec qu'il convient de cacher, obscène comme le sexe étalé, nu, et dérisoire. On peut se procurer en tout temps feuilles, plantes, fruits à contre-saison, car il est toujours le temps de la floraison quelque part avant celui des semences. Les soldats font la guerre et tuent en même temps qu'ils font de l'humanitaire. L'une des clés de compréhension de notre époque a bien été la perte de la connaissance du temps et la disparition des séquences du sens, avec l'oubli, bien sûr, de la vanité des choses.

Chaque jour ne ressemble à l'autre que par la pluie

continue des événements montrés en images, coupés de leur contexte historique et géographique, terribles et bouleversants, qui inondent la planète entière sans que l'on voie à aucun moment le temps qui s'écoule, sans que l'on perçoive jamais les distances. Le monde peu à peu ressemble à ce cauchemar de l'hermétisme juif, un univers où il n'y aurait plus de loi pour le structurer, se présentant alors comme un chaos empilé en un immense capharnaüm sans arrangement reconnaissable, et hors de toute compréhension, hors de toute signification, hors de tout sens.

D'un certain point de vue, on peut dire qu'une telle situation rend compte de la perte de cohésion des logiques et des causalités locales. Ainsi la plus grande guerre entre militaires qui eut jamais lieu, celle de 14-18, la plus atroce et la plus monstrueuse de l'humanité, celle que l'on a pu appeler, à juste titre d'ailleurs, la der des der, car il n'y aura plus jamais d'engagement frontal aussi gigantesque entre deux armées, si donc cette guerre sans précédent a pu avoir lieu, c'est qu'elle est la conséquence directe d'une cause déclenchée plus d'un siècle auparavant par la Révolution française. Celle-ci a permis la levée en masse de toute une nation en âge de combattre, ainsi que la disparition des mercenaires et d'une armée exclusivement de métier. Des généraux issus de la démocratie n'allaient plus avoir en tête l'économie de la vie des soldats puisque, du coup, il y en avait autant qu'ils pouvaient en souhaiter. Les officiers nobles de l'Ancien Régime, sous couvert des usages d'une classe chevaleresque, manifestaient parfois, par des codes à la fois esthétiques et cyniques, la préoccupation de l'économie des vies des combattants car ils n'en avaient pas à revendre. La guerre du peuple n'avait plus besoin de ces folklores. Une immense masse de soldats, qu'il n'était pas question d'économiser, pouvait alors s'étriper en toute bonne conscience, sans souci du pacte implicite des bonnes manières, qui avait pour but de réglementer une connivence de classe entre les chefs. La boucherie du siècle allait se dérouler sans contrainte, donnant aux Mangin, Nivelle et autres seigneurs sanglants libre champ pour des massacres et des férocités sans retenue.

On s'est cru obligé d'introduire sur ces endroits de mort des « conventions de Genève », pour saupoudrer d'un peu de transcendance ces abattoirs sans merci. Pauvres conventions laïques toujours transgressées, tristes règlements profanes jamais appliqués. Je crois que ces flots de peur, de sang et d'angoisse, ces souffrances sans nombre, ces holocaustes barbares ont permis, en les délivrant des tabous auxquels ils étaient enchaînés par des rituels, l'intrusion d'immenses forces destructrices qui ont caractérisé notre siècle. La Révolution ne s'y était pas trompée, qui avait décapité les saints des églises, mis à bas les calvaires jalonnant tout le territoire, débaptisé les lieux-dits pour leur donner des consonances laïques, afin que ces forces ne puissent s'accrocher à la moindre pitié.

La seconde guerre mondiale pouvait alors s'installer, avec l'intrusion d'armes et de mécaniques à la mesure de cette libération. Les armes anticités, l'annihilation de peuples entiers, avec encore plus de rage pour ceux qui se réclamaient de Dieu, par millions, par dizaines de millions, montrent la puissance des forces archaïques enfin libérées.

Ces guerres ont livré l'accès du monde à des principes cachés dans la texture de la terre et de la matière. L'explosion démographique qui en a résulté est à la mesure des puissances de destruction mises à jour. Comme le dit André Boutang, je crois : « La Révolution a délié le monde de la piété », et depuis c'est un univers sans le pacte divin implicite qui lui a succédé, dans une brutalité sans frein.

Mais le monde ne peut vivre sans loi. Que l'on ignore les lois des hommes révélées par le Décalogue, entraînant le souci de l'autre, la compassion et l'amour du prochain, et l'on rencontre celles du niveau inférieur, les lois de la race et du territoire. Celles-ci se déchaînent actuellement. Si on les bafoue à leur tour, sans chercher à regagner celles spécifiques au phénomène humain, l'on dégringole encore d'un niveau. On tombe alors sur les lois constitutives de la matière, encore plus anciennes, encore plus monstrueuses. C'est vers cette strate que l'on se dirige, si l'on continue à considérer les êtres humains comme des objets mécaniques, gérés par des règlements, des procédures et des droits anonymes, en vue du seul commerce et des échanges marchands pour la « consommation ». Le désenchantement du monde livre l'humanité aux liaisons telluriques sauvages, celles de la Genèse. Il en sortira quand même un projet et un sens, parce que Dieu ne permet pas que le Mal triomphe, un bien doit nécessairement en sortir – c'est la loi de la création –, mais il se fera au prix de bouleversements cataclysmiques, comme il y en eut à l'aube de la création, et au décours bien sûr de grandes souffrances. C'est le mythe de Prométhée, c'est aussi celui du Phénix, l'oiseau de feu qui s'édifie pour monter à l'assaut du ciel. Mais au cours de son ascension, il brûle tout entier jusqu'aux cendres, et c'est de ces cendres elles-mêmes que doit renaître un autre oiseau, encore plus beau, encore plus puissant, encore plus glorieux, jusqu'à la prochaine combustion.

Les sages et les prophètes ont beau crier, comme Jean-Baptiste dans le désert : « Repentez-vous car le royaume des cieux est proche! Préparez le chemin! Aplanissez les sentiers... », la boîte de Pandore est ouverte, le Régent est à l'ouvrage, qui répète inlassablement, comme depuis le commencement du monde, qu'il est inutile de se référer constamment aux mômeries des religions. Elles ne sont là que pour nous empêcher de grandir et d'être libres. « Dieu lui-même sait bien que le jour où vous mangerez de ces fruits, vos yeux s'ouvriront et vous serez comme des dieux connaissant le Bien et le Mal, et vous ne mourrez pas [5]. »

Comme notre ancêtre, nous recommettons inlassablement le péché originel qui entraîna notre chute, celui de vouloir chacun être un dieu, en transgressant constamment l'interdit par orgueil. Nous sommes bien les fils d'Adam! Tout nous sera donné pourtant, tout nous sera révélé avec le temps, mais quand ce sera sans danger pour l'Homme, quand notre quête sera tentée au nom de l'amour du prochain, dans l'esprit de Dieu. C'est ce qu'annonce le Christ, premier d'entre nous, premier homme cosmique qui nous précède dans notre destin glorieux. Ah! l'austère joie que de se planter sous le ciel vide, en se proclamant le maître de la création – et le seul maître – sans avoir à rendre des comptes, comme des enfants.

Je ne prétends pas qu'il faut revenir au temps des obscurantismes, des fanatismes et des inquisitions, mais je crois, au nom de la survie, qu'il est nécessaire de respecter les lois inhérentes à notre maintien sur terre, pour vivre notre existence en commun, en vrais fils de Dieu.

Le monde peut se passer de nous, même si nous représentons probablement le plus grand projet qu'il ait jamais porté, l'enjeu même de la création... Savoir baisser la tête avec Job quand Dieu l'interpelle au fond de sa chute :

> « Où étais-tu quand je fondai la terre? Dis-le-moi puisque tu es si savant... Qui en fixa les mesures, le sais-tu?... Qui en a posé la pierre angulaire, tandis que les étoiles du matin chantaient en chœur, et que tous les fils de Dieu poussaient des cris de joie?
>
> ... As-tu, un seul de tes jours, commandé au matin et assigné sa place à l'aurore?... As-tu pénétré les sources de la mer?... As-tu circulé au

fin fond de l'abîme?... Les portes de la mort te furent-elles montrées?... As-tu vu les portes de l'ombre de la mort?

... Peux-tu nouer les liens des Pléiades
Ou desserrer les cordes d'Orion,
Conduire la Grande Ourse?
... Connais-tu les lois des cieux,
Fais-tu observer leur charte sur terre [6]? »

Dans le même chapitre, ironiquement, il lui demande s'il maîtrise vraiment toutes les créatures, y compris ces animaux fabuleux cachés encore dans les replis du temps... le Béhémot couché sous les jujubiers, « chef-d'œuvre de Dieu » et le Léviathan aux yeux comme les pupilles de l'aurore, qui éternue des arcs-en-ciel, et dont « la seule vue suffit à terrasser », et quand il se dresse, les dieux eux-mêmes ont peur! « Comptes-tu le pêcher à la ligne? » lui demande-t-il.

Il est temps sans doute de se reprendre, sinon les forces déchaînées auront tôt fait de rétablir l'ordre impérial de la création en hiérarchies célestes, où chaque chose est importante, totale, et considérable dans l'infinité des temps... même si l'Homme n'a pas su tenir son rang de presque-dieu, au seuil de sa destinée cosmique.

6

La tour de Babel

DEPUIS Pasteur, à tout syndrome infectieux est associé un vecteur, un agent pathogène qui est la cause de la maladie. Ce rapport de causalité avait manqué aux soignants des siècles passés pour combattre efficacement les grandes épidémies : peste, syphilis, variole, choléra, tuberculose... Malgré l'intuition des médecins d'antan qui subodoraient quelque chose (comme Semmelweiss par exemple avec la fièvre puerpérale, ainsi que l'a raconté Céline dans sa thèse), il leur avait manqué ce matériel d'idéation fondamental : la notion de microbes ou de micro-organismes comme assaillants responsables des désordres provoquant la maladie.

Cette notion, quand elle s'imposa, était tellement irréaliste et insupportable qu'elle déclencha un véritable séisme culturel avant de pouvoir être acceptée. Il s'agissait, ni plus ni moins, d'admettre en substance que d'innombrables vies, existant sur la terre depuis la Genèse, entraient soudainement dans l'organisme pour l'envahir et, littéralement, le « posséder », au sens chamanique du terme. Et ces maladies contagieuses, que l'on s'efforçait de décrire avec le sérieux scientifique, le réalisme et le positivisme d'un raisonnement objectif, désormais éloigné de tout finalisme, ces maladies trouvaient leur explication dans une présentation à la fois militaire et magique. Pourtant, l'Histoire a avalisé ce schéma ambigu. Le microscope, le laboratoire, les antibiotiques l'ont confirmé. L'hygiène, l'éducation sanitaire, la vaccination ont fait reculer, voire disparaître, bon nombre de maladies infectieuses, montrant, s'il en était besoin, que la découverte de Pasteur était l'élément fondateur de la médecine moderne.

... Et depuis, il n'est pas d'enfant de par le monde, s'il a été un peu scolarisé, qui ignore que les virus et les microbes sont les causes des maladies qui font tousser, paralysent, donnent la diarrhée, voire tuent les petits frères. Et ces mystérieux animaux, combattants si petits et subtils qu'on ne les voit pas, si féroces qu'ils sont sans pitié, sont cachés partout : dans l'eau des puits où l'on boit, dans la mare où l'on se baigne, dans l'air frais du soir où l'on s'attarde avant de se coucher... Partout, partout, attendant de fondre sur l'innocent pour entrer dans son corps et le hanter.

Mais il n'est pas non plus de laboratoire, pas de compagnie pharmaceutique, pas de fabricants d'antibiotiques, pas de cliniques, pas d'hôpitaux, pas de mutuelle ni de Sécurité sociale, pas d'assurance qui ne le sache également. C'est pourquoi, très vite, l'aspect de « possession » fut abandonné au profit du seul thème d'agression. Néanmoins, il ne fut pas perdu – seulement mémorisé et profondément enfoui... refoulé parce que ce thème ne peut trouver de tribune pour s'exprimer... Mais le mythe de la maladie comme démêlé avec les forces surnaturelles, voire la vengeance d'un Dieu courroucé ou du Diable, c'est selon, ce thème n'est pas près de disparaître.

La vision militaire, seule survivante donc, put même trouver des éclairages contemporains pour se renforcer, avec les grandes guerres modernes. L'installation des envahisseurs cause des désordres considérables – d'abord par la simple pullulation d'occupants, mais également par les dégâts dus à leur logistique et leur intendance. Les microbes peuvent générer une pollution considérable par une toxine qui va se diffuser, en empruntant des voies de conduction préférentielles selon les stratégies propres à leur race : le sang, la lymphe, les nerfs, et qui va s'installer aux points névralgiques des grandes fonctions – comme dans le tétanos où la toxine, s'infiltrant à la jonction neuro-musculaire et aux commandes médullaires, supprime les « rétrocontrôles » et conduit aux crises de contractures irréversibles.

D'autres germes portent un poison qu'ils libèrent en mourant (endotoxine). C'est de leurs cadavres que s'écoule la toxine néfaste à l'organisme, et les médecins qui combattent la typhoïde, par exemple, le savent bien, qui calculent leur riposte en la graduant. Enfin, les luttes homériques à l'intérieur du corps peuvent créer de profonds bouleversements par les dégâts cellulaires imposés dans ces batailles : les propres éléments de l'hôte libèrent enzymes, substances et métabolites, qui vont directement, ou par leurs effets secondaires, contaminer, polluer et atteindre les formations voisines, et même, parfois, causer des désordres universels, comme la septicémie.

Puisque l'on parlait d'assaillants en termes de guerre, il fallait avoir une représentation de ce qu'était l'assiégé.

Magendie et Claude Bernard, dans la première moitié du XIXe siècle, avaient fait émerger, par la méthode expérimentale rigoureuse, la notion de « milieu interne », ce monde du « dedans », dynamique et mouvant, qui peut pourtant conserver ses constantes et son autonomie quelles que soient les variations du milieu externe. La compréhension du corps pouvait alors s'enrichir d'une analogie industrielle, conçue comme une série de mécaniques complexes et fluides à la recherche de leurs moments d'équilibre. On savait depuis longtemps que la constitution ultime de l'organisme, sa « brique » élémentaire, était la cellule; c'était même le dogme intangible en biologie. Et voici que l'on appliquait à son endroit les lois de la mécanique des fluides, de la physique et de la chimie; cette « brique » se vulgarisait en répondant aux normes de l'inanimé.

La citadelle du corps, faite de ces briques, organisée en grandes manufactures réagissant les unes par rapport aux autres, chacune dans sa spécialité, devenait une cité industrieuse, avec sa vie, ses échanges, ses mouvements, son économie et sa production... image forgée du temps de la révolution industrielle et restée intacte, à quelques variations près, jusqu'alors. La ville-organisme, cité autonome, à l'instar de ces cités-royaumes des Grecs ou du Moyen Age, puisqu'elle rencontrait des agresseurs, avait forcément un système de défense. Aussi, dès que furent recherchés les mécanismes de cette défense, fut également dégagé le concept d'« immunité », à l'instar de l'immunité dont bénéficiaient certains acteurs lors des conflits européens, tels les diplomates... Dont bénéficièrent également à l'époque les sauveteurs de la Croix-Rouge ; elle leur sera attribuée plus tard par les conventions de Genève.

L'idée d'immunité résidait dans l'acquisition d'une invulnérabilité vis-à-vis de l'attaque par les microbes. On chercha donc à définir les subterfuges dont usait la forteresse pour faire face aux assauts. Les substances répondant à l'agression du dehors furent qualifiées d'« anticorps », tandis que celles qui montaient à l'attaque recevaient le nom d'« antigènes ». Les anticorps, créés à l'occasion, sont spécifiques au type d'agression. Ils sont même la réaction la plus intimement appropriée à l'identité de l'envahisseur.

Pour qu'une attaque soit neutralisée complètement, il faut qu'antigènes et anticorps deviennent un conglomérat total... Par analogie avec une bataille, on dirait qu'à chaque soldat bleu l'envahissant, l'organisme va opposer un soldat rouge – mobilisé ou rappelé pour l'occasion – qui soit son parfait homologue et son contraire exact. Cette empoignade nécessite bien des auxiliaires, des aides et des goujats, dont l'une des fonctions sera d'être le « complément ».

Comme à l'accoutumée, une image trop simple ne pouvait rendre compte d'une situation complexe : comment qualifier autrement que d'« incomplets » ces antigènes (haptène) incapables de mobiliser des anticorps, mais capables de réagir spécifiquement avec eux lorsqu'ils existaient? Comment nommer ces substances, issues de l'organisme lui-même, identifiées à tort par la défense comme antigènes, et donc de ce fait violemment combattues, comme subversives peut-être, par la fabrication d'anticorps spécifiques pouvant aller jusqu'à détruire l'organe ou le tissu entier dont elles sont issues – comme pour le cristallin, la thyroïde, le tissu nerveux –, ces substances « auto-antigènes », sorte de gauchistes ou d'anarchistes dans la cité, ravachols indécelables qui font exploser leur bombe dans le silence.

Chaque cellule de chaque organe de chaque individu contient des antigènes particuliers propres à l'espèce. Ces cellules sont d'un certain point de vue semblables, mais également profondément différenciées. C'est avec elles qu'il faut négocier lors des greffes d'organes... Mais par quel miracle un certain nombre d'individus possèdent-ils des antigènes cellulaires communs dans les groupes sanguins? Le système n'est donc pas aussi universel qu'il y paraît. Dans bon nombre de situations, les citadelles peuvent se reconnaître et s'échanger des émissaires et des biens, sous couvert d'immunité, sans forcément déclencher la production d'anticorps. Il serait important de comprendre pourquoi la défense en arrive à baisser la garde.

Quant à ces défenses, elles ne sont pas non plus

monolithiques. Comment interpréter la découverte d'anticorps spontanés? En réaction à quels épisodes se sont-ils formés au cours de l'Histoire? Parfois, la défense se révèle inappropriée, ou immensément disproportionnée, en levant des anticorps allergiques dont rien ne laissait prévoir l'apparition – sinon que tout à coup, ils se manifestent à grand bruit. Quels épisodes de la lignée recouvrent-ils, à quels incidents antédiluviens réfèrent-ils?

Malgré toutes les exceptions, et elles sont de plus en plus nombreuses, cette représentation mentale guerrière demeure encore le schéma le plus couramment admis, et il a encore de beaux jours devant lui. Pourtant, peut-être conviendrait-il de le faire évoluer, même si, en règle générale, les anticorps immunitaires sont compris comme neutralisant l'antigène, même si leur présence témoigne d'un mécanisme de l'immunité, c'est-à-dire de la protection. Leurs rôles et leurs fonctions sont loin d'être totalement cernés et peut-être bute-t-on sur la limite de l'image mentale.

Dans nombre de circonstances pathologiques, les anticorps sont absents ou éphémères; dans d'autres, ils semblent ne jouer qu'un rôle de témoin... Curieusement, l'immunité acquise par la vaccination, c'est-à-dire de manière artificielle, semble être bien supérieure à celle qui se développe au contact de la maladie. C'est pourquoi la référence à la guerre et à la forteresse devient trop réductrice et ne peut rendre compte de toute la représentation d'un phénomène trop complexe pour répondre à la signification première du mot immunité... D'autant qu'arrivent à notre connaissance, à travers des maladies nouvelles comme celle de la « vache folle [7] », de redoutables agents infectieux : les « prions », qui ne sont ni bactéries ni virus, mais de simples protéines... et qui ne donnent apparemment pas de réaction immunitaire. Ce sont des agents contaminants qui ont franchi la barrière de l'espèce.

On a beau se contorsionner avec ce schéma : attaque de l'étranger / défense de l'intégrité, il est difficile d'accepter sans perplexité l'idée qu'une maladie puisse être « auto-immune », ou prendre comme un signe négatif la présence d'anticorps dans le sérum à l'occasion d'une maladie infectieuse. C'est pourtant le cas avec le sida, où le patient apprend avec consternation que son organisme est en train de se constituer des défenses qui ne vont pas être efficaces – et plus encore : ses capacités d'en fabriquer vont même diminuer jusqu'à être totalement débordées. Probablement, l'abord de ce virus vient bouleverser l'imagerie liée à la défense, voire la fera abandonner pour une autre.

Les virus, au début, ne furent distingués des bactéries que par leur taille. Ils étaient plus petits, voilà tout. Ils traversaient le filtre de porcelaine (ils étaient donc appelés « ultra-filtrants ») et ne pouvaient pas, dans l'état des connaissances en optique du moment, être perçus. Mais ce n'était qu'une question de technologie. On ne tarderait pas à les voir, et il n'y avait aucune raison qu'ils soient d'une nature radicalement différente des bactéries.

Un virus n'est pas un organisme à proprement parler; c'est un acide nucléique, ARN ou ADN, absolument inautonome, qui ne peut exister qu'au détriment d'une cellule vivante – la fameuse « brique » de la forteresse. Celle-ci va lui fournir les enzymes nécessaires à sa pérennisation, opération au cours de laquelle elle va d'ailleurs mourir. Comme tout intrus (c'est-à-dire comme un microbe, mais également comme un parasite géant, tel un ver...), il va déclencher en pénétrant dans l'organisme une réponse immunitaire et la production d'anticorps.

En rattachant l'immunité à la lutte contre les microbes, on ne savait pas que l'on abordait un phénomène général. On regardait ce mécanisme à travers un cas particulier. C'est pour cela, sans doute, qu'il ne recouvre plus toute la fonction attachée à ce qu'il prétend être.

L'erreur d'origine résidait dans le fait d'avoir confondu – mais on ne pouvait pas faire autrement – deux classes de la vie : microbes et virus. Le microbe est un corps unicellulaire, analogue à l'une de ces briques fondamentales de l'organisme qu'il infeste, à ceci près qu'au cours de l'évolution il ne s'est pas constitué en ensemble de tissus, choisissant de rester une « entité-groupe ». Mais c'est un organisme quand même, un « être »... un animalcule, en somme.

Le virus ne peut en aucune façon être assimilé à cette brique. Il n'est même pas un être vivant; et, si l'on devait lui chercher une représentation, on pourrait le qualifier seulement d'« organite », un petit bout, une partie d'une cellule. C'est une structure située nettement plus profondément dans les strates de la vie, dans une hiérarchie inférieure, plus ancienne, plus rudimentaire. Il est uniquement composé d'un génome – c'est-à-dire d'un programme génétique – et d'une coque, une « capside ».

S'il parvient à contourner les défenses de l'organisme, il réussit la rencontre avec son hôte. Mais pour cela, il lui faut des circonstances favorables, un terrain propice. Il va s'attaquer à la cellule en orientant toute son activité vers la transcription, la traduction et la réplication de son propre programme, grâce aux enzymes et à l'énergie qu'il trouvera sur place. Il va ainsi lui imposer un nouveau code – le sien – et l'obliger à abandonner son propre programme pour qu'elle se consacre uniquement à cet étranger qui l'envahit. Ce faisant, la cellule va exploser et disparaître, libérant les virus nouvellement fabriqués à ses dépens. Ainsi peut-il se multiplier (et non se reproduire) et proliférer à la recherche d'autres cellules, en une série de réactions en chaîne.

Avec cette notion de programme à reproduire, on comprend que la représentation mentale du virus ne pouvait être envisagée au XIXe siècle. On recherchait un guerrier plus raffiné... on devait trouver un ordinateur.

Ce nouveau thème va désormais s'accoler aux schémas précédents de la guerre et des envahisseurs, et la moderniser en un conflit électronique, à l'instar de la guerre des étoiles... Mais, pour paraphraser Jung, ces représentations sont d'ordre archétypal, et ne se neutralisent pas. Elles s'additionnent seulement... On se trouve désormais avec trois strates de sédimentation pour se représenter la lutte contre les maladies infectieuses. La première est archaïque. C'est l'entité magique qui prend possession du corps. La deuxième est une vieille activité : une guerre incessante entre les hordes extérieures et les assiégés retranchés. Mais la troisième est la modernité même : l'ordinateur inhumain et son programme de destruction aveugle. L'image de l'ordinateur est devenue prégnante, elle a transformé peu à peu la compréhension du virus, perçu jusqu'alors comme un microbe nain, en celle d'une disquette, avec son programme qui s'appelle ADN ou ARN et qui cherche à se répliquer.

La découverte de l'ADN (acide désoxyribonucléique), cette molécule légendaire en forme de double hélice, remonte à 1953, quand Watson et Crick l'ont décrite pour la première fois. C'était une découverte considérable, aussi importante que la découverte des microbes, car on tenait avec elle le mécanisme intime de la constitution de l'être vivant. C'était le support de toute information, à la fois personnelle mais également celle de la lignée et de l'espèce. Cette double hélice était LE programme.

Elle se présentait sous forme de deux spires, face à face, tournoyant sur elles-mêmes, chacune de ces spires étant constituée des mêmes séquences qui revenaient sans cesse, sous la forme de quatre chaînons : les

« nucléotides ». Ces chaînons portaient des noms chantants : adénine, thymine, cytosine et guanine. Ils ne pouvaient être appareillés face à face que dans l'ordre obligé : à chaque adénine correspond une thymine, à chaque cytosine une guanine. Mais pour le reste, la périodicité était libre, et c'est dans cette périodicité que se trouvait le message. Un message composé de millions et de millions de notes, écrites dans un alphabet à quatre lettres. L'information contenue sur chaque chaîne peut s'échanger avec la chaîne en vis-à-vis. Au moment de la division, chaque chaîne engendre une double chaîne, ce qui permet de transmettre les caractères d'une génération à l'autre.

Pour saisir le mécanisme de la transmission de l'information, c'est-à-dire de l'exécution du programme, on fait souvent appel au vocabulaire et aux images issues de la presse et de la communication – autre analogie moderne, d'ailleurs en train de se transformer, puisque plomb, marbre et rotative deviennent eux aussi caducs. L'ADN, qui se trouve uniquement dans le noyau de la cellule, va se servir de l'ARN pour exécuter ses commandes. L'ARN est la copie du petit segment de l'ADN qu'est le gène – l'unité d'information. Mais, contrairement à lui, il ne dérive que d'une seule chaîne et n'est composé que d'une seule spire. Il détermine les attributs de la personnalité d'un individu. On rencontre également l'ARN dans le reste de la cellule. Si l'on se réfère à l'image de la presse écrite, l'ARN est synthétisé dans le noyau par recopiage d'ADN. Ce phénomène est appelé transcription. Ce serait, dans un journal, le temps de la composition. Après avoir été transcrit, un autre ARN intervient. C'est l'ARN « messager »; il représenterait le plomb, la matrice nécessaire au transfert et à l'impression de l'information qui lui a été livrée. Celle-ci va maintenant servir à la synthèse des protéines – soit la fabrication et la diffusion. C'est le moment des rotatives. La synthèse va être entreprise dans la partie la plus active de la cellule qu'est le ribosome – l'imprimerie, en somme – et un dernier ARN, l'ARN de transfert, va faire la traduction. Il lit le message écrit en alphabet de quatre lettres porté par l'ARN messager, et le traduit dans l'alphabet « acide aminé » des protéines, qui sont livrées conformément aux instructions reçues.

C'est ainsi que sont synthétisés, à partir des ordres des programmes, les matériaux nécessaires à l'être vivant, grâce à quoi ils ont une particularité : ils ont tous une identité personnelle, celle fournie par le gène. Toutes ces séquences se pressent dans la cellule. Le virus, qui est une structure plus sommaire, ne peut les réaliser seul. Il n'a ni cytoplasme ni noyau, et il va choisir de faire répliquer son programme par une entité supérieure à même de le faire, la fameuse brique cellulaire. Il entre donc par effraction dans l'imprimerie cellulaire la plus appropriée à ses talents, et la met en marche clandestinement. Et toutes ces séquences se déroulent comme à l'accoutumée, au sein de cette cellule parasitée. Mais quand, sous la contrainte, elle réplique, transmet et fabrique un programme qui n'est pas le sien, à la fin du travail, elle abandonne sa propre identité et meurt.

Naturellement, l'organisme combat ce parasitage de toutes les ressources de son immunité... La plupart du temps, il y parvient. Mais dans certains cas, le mécanisme de défense est débordé, ou bien atteint au cœur même de son dispositif, comme dans le cas du sida. Il ne sait alors plus répondre à l'agression, et au bout d'un long combat, qu'il finit par perdre, il meurt... Ce qui est une étrangeté, parce que le parasite n'a pas intérêt à tuer son hôte.

J'ignore si l'évolutionnisme permet de tirer la conclusion que tous les organismes sur terre sont en compétition ou peuvent un jour l'être, mais l'on constate que ces microbes, virus et champignons s'affrontent parfois au cours d'un désastre infectieux dans un organisme débordé comme s'ils avaient jusqu'alors été tenus en respect, mais qu'ils avaient attendu leur moment pour se manifester, quand les rivaux plus puissants auraient disparu, ou la défense baissé sa veille... J'y pensais souvent jadis avec amertume, au chevet de grands malades, ne sachant quelle stratégie adopter. Je ruminais alors d'étranges représentations médicales, où les micro-organismes étaient une sorte d'entité-groupe, comme dans le macromonde les ruches ou les termitières, et présentaient des formes, au sens que Sheldrake donne à ce terme, entrant en compétition avec l'organisme pluricellulaire complexe que je surveillais...

Si c'est bien le cas, alors la thérapeutique de demain ne sera plus le fait des chimistes et pharmacologues, mais celle des physiciens et des mathématiciens, qui sauront modéliser l'attaque en fonction du nombre, de la forme, de la masse critique, des paramètres inconnus concernant le terrain, l'environnement, l'équilibre à un instant donné avec les autres germes, le passé de l'individu, de sa lignée, sa race... Que sais-je encore?

D'un certain point de vue – et ils le démontrent en étant encore vivants – les hommes ont résisté à toutes les maladies au cours du temps. Celles-ci, en cherchant à investir des milliards et des milliards de fois des milliards et des milliards de corps, ont suscité des réponses adaptées mais, si elles n'ont pas su renchérir, ont perdu leur chance, ont disparu et végètent quelque part sur quelque continent lointain à l'état d'endémie, ne pouvant plus capitaliser une masse critique d'organismes malades pour redevenir épidémiques.

Existe-t-il, quelque part dans nos sérums, la trace de ces anciens combats chez nous, les survivants? Avons-nous des traces antipesteuses ou d'autres fièvres inouïes affrontées par nos ancêtres au cours de l'Histoire? On cite parfois, à ce propos, l'histoire de la syphilis... Les conquérants espagnols l'auraient ramenée du Nouveau Monde à la Renaissance, sous des formes aujourd'hui disparues, foudroyantes, mutilantes, atroces et douloureuses. Elle aurait prospéré jusqu'à atteindre des chiffres considérables mais stables. En prospérant, elle aurait établi une sorte de pacte immunitaire avec la population, une manière de *statu quo* qui la maintint dans des limites endémiques raisonnables – trop de gens avaient été immunisés pour lui permettre de flamber à nouveau... Jusqu'au jour où la pénicilline lui porta un coup fatal.

Les anciens biologistes parlaient de « cicatrice immunitaire », faisant allusion au fait que quiconque avait rencontré la syphilis en portait la trace dans son sérum, même s'il était cliniquement guéri et désormais non contagieux. Cette idée est suffisamment poétique pour que l'on puisse spéculer et la comparer avec un fléau plus récent... Ce mal, « coup de pied de Vénus » sexuellement transmissible, si cruel car donné par la rencontre amoureuse, si totalement lié à l'altérité, au risque de « l'autre », fut perçu culturellement comme l'on perçoit aujourd'hui le sida. Mais n'était-il pas le résultat d'un effet boomerang? Une vieille maladie européenne ayant accompagné l'homme depuis l'aube de l'Histoire, devenue pacifique, amoindrie, infra-clinique et bénigne pour s'être confrontée à tant d'immunités, aurait pu être transmise aux Amérindiens par des porteurs sains, conquérants d'espace certes, mais forceurs d'Indiennes, qui disséminèrent la maladie comme ils transmirent la rougeole, la grippe et la variole à ces populations qu'ils décimèrent. Après cette rencontre avec des organismes vierges, la syphilis alors s'étant adaptée, transformée, réveillée sous une forme mutante et combattante, revint dans les flancs des colons et des soldats, hautement virulente, pour agresser à nouveau, après des siècles de quiétude, les habitants du Vieux Continent, bénéficiant par là, elle aussi, d'une renaissance...

Peut-être en est-il de même pour bon nombre de maladies, qui s'assoupissent et perdent leur pouvoir destructeur, cédant devant des immunités toujours plus adaptées à leurs changements et leurs spécificités, jusqu'au moment où, après leur défaite, elles rencontrent un nombre suffisant d'organismes vierges pour envisager un *come back*, une nouvelle carrière épidémique, dotées d'un second souffle, trouvant enfin des conditions favorables à leur épanouissement, par l'évolution des mœurs, le brassage des populations, les nouvelles habitudes.

Pourquoi ne pas imaginer que depuis le commencement du monde, hommes et virus cohabitent, pour le meilleur et pour le pire? Il suffit de regarder à quel niveau agissent les virus pour se demander s'ils n'ont pas été de la sorte, par quelque mécanisme d'attaque-défense, tantôt saprophytes, tantôt indifférents et tantôt pathogènes, comme le marteau et le burin de l'évolution travaillant le programme génétique et la réponse immunitaire. Au fil des siècles et des millénaires, ils ont fini par faire partie de l'information contenue dans le matériel même de l'hôte...

Or voici – sous l'effet d'un bouleversement climatique, d'un changement magnétique, d'une révolution de mœurs, sous l'effet de migrations, de radiations ionisantes, d'immunisation massive –, voici que d'anciens virus se libèrent du chaînon génétique où ils étaient prisonniers de génération en génération. Les voici qui rencontrent les conditions favorables à leur croissance et à leur duplication, et reviennent faire carrière dans un monde neuf, qui ne les avait encore jamais rencontrés.

Comme beaucoup de médecins qui s'interrogent sur les origines de l'épidémie de sida, je regarde vers l'Afrique – probablement le virus vient-il de là-bas, comme on l'a souvent écrit, mais seulement parce que les Occidentaux, sans le savoir, l'y auraient introduit. Et il serait devenu virulent et transmissible, ayant atteint la masse critique nécessaire à sa divergence en épidémie, avant de revenir dans les pays industrialisés, comme la syphilis pour les Espagnols... Et ce, si l'on écarte l'hypothèse d'une transmission artificielle au cours de quelque manœuvre sérologique maladroite dans les années 40-50, qui aurait fait franchir la barrière de l'espèce au virus HIV, passant du singe à l'homme jusqu'à tomber dans des communautés fermées, hémophile, homosexuelle ou toxicomane, qui lui auraient livré « clé en main » la masse critique pour la divergence de sa courbe de diffusion.

Le sida quant à moi me semble trop spécifique, trop malin et trop complexe pour en être à sa première rencontre avec l'humanité, même si cette rencontre a eu lieu quand l'homme n'était pas encore tout à fait homme. Quand on saura interroger la mémoire immunitaire, la trace laissée au cours de l'Histoire par les agents pathogènes, alors peut-être retrouvera-t-on le souvenir du précédent combat de nos ancêtres avec le HIV. Selon moi, s'il s'attaque à l'immunité de manière aussi sophistiquée, c'est que, d'une certaine façon, il est partie prenante de sa mécanique, installé des millions d'années auparavant au cours d'anciennes rencontres. Qu'en est-il des rétrovirus et du HTLV1, qui procède des mêmes mœurs et qui se manifeste en Occident, en France, aux États-Unis, dans le nord de l'Italie, au Japon? Y a-t-il parenté? communauté? mêmes habitudes?

Cet étrange virus du sida ne devrait pas agir sur les défenses de l'organisme, car son affinité sélective est la cellule nerveuse – c'est une maladie des systèmes nerveux. On connaît son groupe et sa famille, et si l'immunité n'était pas atteinte, il mettrait des années et des années à progresser, car c'est un virus neurotrope et lent à parvenir à ses fins. Que s'est-il passé pour qu'il ravage l'immunité, et que veut dire l'apoptose, cette mort cellulaire? Est-ce que vraiment les cellules, comme cette secte de Guyana, peuvent se suicider d'un commun accord? A quel signal obéissent-elles, et quand?

Les organismes infestés par le virus HIV ont à lutter contre les maladies opportunistes jusqu'alors maintenues en respect par la dissuasion des défenses du corps, et qui du coup profitent de cette défection. Ainsi a-t-on compris que la tuberculose était un vieux compagnon, une maladie parasitaire qui ne dormait que d'un œil... Dès que l'environnement lui a été propice, elle s'est mise à proliférer comme au bon vieux temps du XIXe siècle, quand le terrain lui était favorable, avec tous ses taudis, sa misère, son alcoolisme, son entassement urbain, les rythmes industriels, l'exploitation des enfants, la malnutrition et l'angoisse... Les maladies virales, les cancers, les mycoses investissent la citadelle et se servent même des défenseurs dépassés pour les retourner : maladies « auto-immunes » au stade final du sida, pour enfin tuer leur hôte.

La déficience immunitaire est-elle la cause ou la conséquence de l'infestation par le virus du sida? Bien des signes m'orientent vers la cause. Mais c'est une opinion de profane; un médecin n'est pas libre de ses convictions, et il faut, pour être opérationnel, faire taire son intuition et se cultiver en la matière... De toute façon, dans l'état actuel des connaissances, pour le thérapeute, il n'est pas important de le savoir.

Quand on se fut représenté, à l'image d'un disque d'ordinateur, que toute l'information était codée en un lieu précis, possédant un substrat anatomique, on n'eut de cesse que de vouloir déchiffrer ce programme. C'est ainsi que tous les laboratoires de génétique du monde sont tombés d'accord pour un projet sans précédent, celui de dresser la carte du génome humain.

Ce faisant, nous sommes désormais rendus à l'allégorie de la tour de Babel. Les hommes du monde entier édifient le pilier de la connaissance qui doit remonter jusqu'à la clé ultime. Si le but affiché est de localiser toutes les caractéristiques de l'être humain, c'est naturellement pour améliorer sa santé en identifiant les gènes porteurs de maladies héréditaires. Dans la référence à l'usage d'un disque informatique, ce projet est parfaitement envisageable et même salutaire, car il stipule que chaque caractéristique d'identification correspond à un lieu précis du génome : le gène du diabète, celui de l'hémophilie, celui de la myopathie... mais plus encore, celui du cancer du sein, du mégacôlon, de l'hypertension... Ce projet devrait permettre d'éradiquer la plupart des maladies et leur probable survenue, dans la mesure où elles ont des supports génétiques simples et ne correspondent pas à une combinaison de localisations – sorte de mosaïque beaucoup plus ardue à déterminer, qui ferait appel en ce cas à des lois mathématiques encore inconnues ou relevant du chaos. Mais il en est qui sont faciles à identifier, car précisément localisées sur leur site unique. On peut alors d'ores et déjà prévoir que, d'ici une génération au plus, dans la plupart des pays avancés, si des mécanismes éthiques puissants ne sont pas érigés rapidement, on aura éliminé avant la naissance toutes les trisomies 21. Sans enfreindre la loi – car qui n'est pas né n'est pas un homme – on empêchera la naissance des mongoliens en puissance. Mais ce n'est qu'un cas particulier, car le diagnostic anténatal permet à coup sûr, aidé par la confirmation des consultations génétiques et l'étude soigneuse des généalogies, de prédire, pratiquement dès la conception, les chances de voir l'enfant à naître développer telle ou telle maladie héréditaire, si l'on est sûr de la localisation unique de cette maladie, et permet donc – par miséricorde – de prendre les décisions qui s'imposent avec bon sens, au nom de la charité, à la société.

Ce n'est pas encore de l'eugénisme, mais ce sont ses premiers pas balbutiants... L'imagerie de plus en plus performante rendra sans doute possible également de voir à quoi ressemblera le petit à naître, et éventuellement de choisir ses traits, permettant de refuser les plus laids...

Au-delà de ce projet, il me semble reconnaître le précédent orgueilleux narré jadis par la Bible. La tour de Babel moderne est édifiée sur les colonnes de l'ADN et monte à l'assaut du métaprogramme, et qui dit programme dit programmeur. Le dieu Hasard, aux yeux d'aveugle, se verra-t-il une fois encore sollicité par la déesse Nécessité pour combler le vide métaphysique d'une telle entreprise?

De représentation en représentation, la biologie offre à la médecine un vieux cliché positiviste. La forteresse du XIXe siècle se révèle inhabitée. C'est un ordinateur qui la commande. Rien ni personne n'interdit d'examiner son programme et, au besoin, de le modifier. « Dieu? répète encore Laplace, je n'ai pas besoin de cette hypothèse... » On peut encore et toujours s'en passer. Pourtant, si « la plupart des biologistes pensent que virtuellement tout ce qui concerne la forme et le comportement d'un organisme pourra s'expliquer quand on comprendra le rôle des gènes individuels et des mutations de ces gènes... les biologistes ont été assez déconcertés en découvrant récemment que l'ADN dans les bactéries quittait et regagnait les chromosomes, se dilatant et se contractant de telle sorte que, comme l'a publié la revue *New Scientist,* " notre concept même du gène est remis en question ". Comme l'exprime Marylin Ferguson, l'ADN est peut-être plus un " flux " qu'un " code ".

Albert Szent-Györgyi, prix Nobel et découvreur de la vitamine C, affirme que la cellule renvoie en fait des informations à l'ADN et modifie ses instructions... Des chercheurs ont montré que certains gènes pouvaient se convertir les uns dans les autres [8]. »

Ce qui renverserait, si cela s'avérait exact, toute une représentation mentale du programme... et la tour de Babel, comme dans l'histoire, risquerait de s'effondrer avant même d'être édifiée.

> « Tout le monde se servait d'une même langue et des mêmes mots. Comme les hommes se déplaçaient à l'orient, ils trouvèrent une vallée au pied de Shinear, et ils s'y établirent. Ils se dirent l'un à l'autre : " Allons! faisons des briques et cuisons-les au feu! " La brique leur servit de pierre et le bitume leur servit de mortier.
>
> Ils dirent : " Allons! bâtissons-nous une ville et une tour dont le sommet pénètre les cieux! faisons-nous un nom et ne soyons pas dispersés sur toute la terre! "
>
> Or Yahvé descendit pour voir la ville et la tour que les hommes avaient bâties, et Yahvé dit :
>
> " Voici que tous font un seul peuple et parlent une seule langue et tel est le début de leurs entreprises! Maintenant aucun dessein ne sera irréalisable pour eux! Allons! descendons! et là, confondons leur langage afin qu'ils ne s'entendent plus les uns les autres... " » (Genèse 11).

7

L'éternel bouc émissaire

TOUTE société, aussi évoluée soit-elle, fabrique et fabriquera des exclus. C'est une constatation, une affirmation relevant de la simple observation. Les différences entre sociétés résident simplement dans le traitement qu'elles réservent à leurs exclus et la façon plus ou moins humaine dont elles les considèrent.

La plus ancienne de ces manifestations de l'exclusion, devenue un stéréotype de référence, est bien sûr la lèpre. Elle est connue depuis la nuit des temps. En Inde, les anciens livres de médecine la mentionnaient et en décrivaient déjà les symptômes, mais surtout une thérapeutique utilisant l'huile de l'*Hydrocarpus wighticana,* qui a donné la légendaire huile de Chaulmogra [9].

Le public des livres et des films d'avant-guerre était familier de ce nom, synonyme du traitement de cette maladie d'épouvante, qui décomposait littéralement les malades vivants. J'ai le souvenir de je ne sais quel film, avec Pierre Blanchard, je crois, qui avait sa main perpétuellement gantée. Le héros découvrait le pot au roses en trouvant dans la pharmacie familiale une boîte contenant cet onguent étrange, à la consonance d'un philtre de sorcière, que je répétais en psalmodiant dans mes jeux d'aventure : « Huile de Chaulmogra... huile de Chaulmogra... » comme le nom d'une potion d'outre-monde, synonyme de sulfureux voyages.

En Égypte, au Moyen-Orient, quand la maladie était repérée, elle entraînait la mise à l'écart. « D'après Klingmuller, dans l'ancienne écriture cunéiforme de Chaldée, le mot *Isruba* désignait à la fois la maladie contagieuse, mais également celle qui entraînait obligatoirement le malade hors de la communauté [10]. »

Mais c'est le monde d'Israël qui jeta pour toujours les bases du concept à la fois de maladie et d'exclusion. Dans le Lévitique, 13-14 sont décrits les signes et symptômes de la lèpre. C'est cette époque qui a structuré la pensée des juifs et des chrétiens, et donc celle de tout l'Occident dans ce domaine. C'est là qu'il faut faire remonter l'attitude pas même consciente, mais ferme, du rejet du lépreux, et par extension de tous ceux qui portent sur eux les stigmates de maladies. C'est pourquoi les clochards, descendants de ces réprouvés, clopinent à travers les siècles depuis Moïse, sans jamais trouver de repos. Ils clopinent, rejoints parfois, au cours des époques, par les cholériques, qui firent avec eux un bout de chemin, et les tuberculeux avant la streptomycine. Les syphilitiques boitillèrent à leurs côtés à la recherche de leur pénicilline et, désormais, les sidéens, que certains s'obstinent à leur adjoindre, en attendant une thérapeutique qui tarde un peu.

« Le Seigneur dit à Moïse et Aaron :

Quand une boursouflure, une dartre ou une tache luisante apparaît sur la peau d'un homme et prend l'aspect d'une forme de lèpre, on amène cet homme chez le prêtre Aaron ou chez l'un de ses descendants. Le prêtre examine la partie malade. Si les poils sont devenus blancs, et qu'une cavité se forme dans la peau, c'est un cas de lèpre. Sitôt après l'examen, le prêtre déclare l'homme impur. S'il s'agit d'une tache luisante et blanche sans cavité dans la peau et sans poil blanc, le prêtre met le malade à l'isolement pour une semaine. Le septième jour, il refait l'examen. S'il constate que cette tache n'a pas changé et ne s'est pas étendue sur la peau, il met le malade à l'isolement pour une deuxième semaine. A la fin de celle-ci, il procède à un nouvel examen. Si la tache s'est ternie et ne s'est pas étendue sur la peau, le prêtre déclare l'homme pur. C'est une simple dartre! Mais si la dartre prend de l'extension après que le prêtre a examiné l'homme et l'a déclaré pur, celui-ci retourne chez le prêtre. Le prêtre l'examine une nouvelle fois. Lorsqu'il constate que la dartre s'est étendue sur la peau, il déclare l'homme impur. C'est une forme de lèpre [11]. »

La Bible énumère ensuite tous les cas de figure

dermatologiques pour décider si l'homme ou la femme est pur ou impur, selon ses lésions... Et pour clore le chapitre de la maladie :

> « Si donc l'homme est atteint d'une forme de lèpre, il est impur, et le prêtre le déclare impur à cause du mal dont il est atteint. Il faut que l'homme atteint de lèpre porte des vêtements déchirés, ne se coiffe pas et se couvre le bas du visage. Il doit crier " Impur! Impur! " Il est impur aussi longtemps qu'il est atteint de son mal. C'est pourquoi il doit avoir sa demeure à l'écart des autres gens – en dehors du camp... »

En instaurant des diagnostics et des conduites de rejet, Moïse stigmatise pour l'éternité une maladie comme étant impure, c'est-à-dire liée au péché, et donc indigne d'être supportée par la communauté. Et même quand le monde religieux aura définitivement divorcé d'avec le monde profane, après le siècle des Lumières, il restera le réflexe de pureté et d'impureté, de rejet et de mise à l'écart.

C'est ainsi que furent créées les maladreries où, jusqu'au XIIIe siècle, on enfermait les lépreux.

> « Il n'y eut ni ville ni bourgade qui ne fut obligée de bâtir un hôpital pour les ladres...
>
> Dès le VIe siècle, divers conciles, d'Orléans, d'Arles et de Lyon, recommandent l'isolement des malades... Le lépreux est reconnu dangereux, il

est condamné et la mort est la seule sentence. Mort au monde : le lépreux est rejeté de la communauté, dépouillé de tous ses biens. Il ne pourra vivre que de la charité publique.

... Lors de sa dénonciation, sa séparation s'accomplit selon d'étranges rituels où l'Église joue le premier rôle, et qui tous symbolisent le trépas. L'église est tendue de draps noirs, on dit la messe des morts, on jette au malade des poignées de terre sur la tête... On brûle ses vêtements, on lui remet ses hardes et ses indispensables cliquettes, et on le conduit à la maladrerie. Il est alors rayé du monde des vivants [12]. »

Plus tard, comme on savait que les épidémies venaient par les bateaux et commençaient par les ports, il a existé, dès l'aube de la navigation marchande, toute une réglementation maritime. Elle m'a été enseignée lorsque j'ai passé mon diplôme de médecin de marine marchande. C'est dire que cette notion de quarantaine, d'isolement et de relégation reste encore une notion moderne. Elle ne demande qu'à s'exprimer... Le capitaine du bateau se devait de déclarer sa cargaison nette ou brute. Si elle était « nette », le bateau n'était porteur d'aucune maladie pestilentielle, mais il devait se soumettre à une inspection de reconnaissance pour le vérifier malgré tout. Si elle était « brute », c'est que le bateau était porteur d'une des maladies quarantenaires : choléra, fièvre jaune, peste, typhus exanthématique, variole. Et le navire était arraisonné sans délai. Il appartenait du même coup à l'autorité sanitaire, qui désinfectait de fond en comble locaux et marchandises, et surtout mettait à l'isolement strict les malades, pour des périodes variables. Quant aux morts, ils étaient enterrés, bien sûr, mais ils ne pouvaient être exhumés avant un délai de un à trois ans. La loi est encore en vigueur, bien qu'elle ne serve plus. Elle n'est pas abrogée. Elle dort, prête à resservir.

Bien entendu, toutes ces précautions n'ont jamais empêché la diffusion des épidémies. Les assauts des pestes et choléras successifs, toujours partis des ports, se sont répandus malgré les barrières sanitaires. Malgré les maisons murées, les murs d'enceinte, les déploiements de troupes... peut-être parce que les fonctionnaires ne sont pas insensibles à la pitié, ou qu'ils sont parfois distraits de leur tâche, ou corruptibles. Le plus probable est que l'exclusion et la quarantaine n'ont jamais servi à grand-chose. Au cours de l'Histoire, on a mis au point des mesures d'hygiène qui concernaient l'ensemble de la communauté, et qui ont été autrement plus efficaces que les séquestrations et les mesures d'isolement d'une petite partie seulement des gens présumés malades.

Tant que l'on a cru pouvoir tenir les maladies à l'écart en excluant les malades, ce ne furent que souffrances, manifestations de panique, explosions familiales. Les chemins de l'Europe ont été parcourus de pénitents qui se frappaient les uns les autres jusqu'au sang, en expiation des péchés de la communauté. Ces terrifiants défilés sanguinolents, pathétiques et barbares, stigmatisaient un dieu de colère qui envoyait sur l'humanité des punitions arbitraires. La maladie, l'épidémie étaient alors perçues comme la vengeance d'un dieu jaloux. Dans leur sillage, on cherchait et on trouvait des coupables, on les éliminait, on créait des barrières de protection, on isolait...

Il faut noter cependant que toutes ces périodes de grandes calamités, si elles mettaient à jour des comportements de rejet et d'égoïsme, ont fait également apparaître des conduites admirables de dévouement et de respect, l'apparition de confréries qui entouraient les agonisants et enterraient les morts, de médecins exemplaires qui soulageaient les souffrances au risque de leur vie. On pense rarement, au fait, que ceux-là pouvaient être inspirés par Dieu, ou en tout cas par une idée de l'Homme qui valait qu'on risque pour elle sa propre existence... Ce qui prouve tout de même que des esprits libres savaient s'opposer, pour peu qu'ils aient une idée transcendante de l'Homme, à toute mise à l'écart au nom de l'hygiénisme. L'Histoire a prouvé d'ailleurs que ces démarches généreuses étaient bonnes, puisque l'on sait bien que jamais une marque d'exclusion n'a fait la preuve de son efficacité, et, pour ne prendre que l'exemple de la lèpre, ce n'est pas son expulsion hors de la communauté sociale qui l'a enrayée définitivement en Occident, mais plutôt la peste, qui a fait disparaître les lépreux, en exterminant ceux-là justement qui les maintenaient en marge.

Il n'y a pas que la lèpre ou la peste. Bien d'autres calamités (choléra, tuberculose...) ont conduit à ces mesures de quarantaine et de mise au ban des vivants. C'est une des constantes des conduites humaines que ce rejet, et toute notre histoire pourrait aussi se lire comme l'histoire des mises à l'écart... une réaction quasi universelle à la souffrance, et parfois une forme d'action en cas de grandes crises sociales. Elle n'est d'ailleurs pas la seule.

Quand survient une crise, les attitudes des groupes humains sont stéréotypées. Après une catastrophe comme un tremblement de terre ou un cyclone, par exemple, on observe toujours les mêmes réactions : une majorité de personnes (soixante-quinze à quatre-vingt-cinq pour cent, dit-on) restent sidérées, stupéfaites et incapables de réagir correctement. Elles vont et viennent dans les décombres en gestes répétitifs, comme obnubilées, ramassant des débris et les rejetant, soulevant des objets comme si elles cherchaient quelque chose, mais sans savoir quoi. Parfois, on en voit qui se saisissent d'une pelle, charrient des gravats pour les déplacer un peu plus loin, ou même pour ne pas les déplacer du tout. Les observateurs ont nommé de telles attitudes les « gestes automatiques ». Naturellement, les télévisions du monde entier qui sont toujours présentes sur les lieux des désastres ont tôt fait de repérer ces comportements pathétiques et les filment sous tous les angles. Elles filment par contre moins volontiers les vingt-cinq pour cent de personnes qui sont vraiment au travail et fournissent, elles, des gestes parfaitement appropriés et utiles. Ces personnes entraînent, par mimétisme et de proche en proche, les habitants trop atteints pour prendre l'initiative, et en quelques heures changent les attitudes et transforment en chantier bourdonnant ce qui n'était jusqu'alors qu'un champ de ruines et de désolation.

De tels comportements sont connus depuis le XIXe siècle, ils ont été décrits par le sociologue Boyd. Mais jamais les reportages n'en parlent, car ils donneraient des clés pour éclairer le désordre et le chaos émotionnel des théâtres d'apocalypse. Ils atténueraient un peu l'immense malheur qui laisse également le téléspectateur choqué, ému. De plus, ils donneraient un peu d'optimisme, un peu d'espoir en la nature humaine, si facile à fustiger. Par sa façon de rendre compte des événements, l'information télévisée ne ment pas. Mais elle omet, par finalité mélodramatique, l'hypothèse positive. Peut-être l'omet-elle aussi parce que les reporters ignorent les comportements dynamiques de crise et, par ce fait même, les manquent. De tels comportements viennent de cette faculté, repérée par tous les spécialistes, que l'on appelle l'apparition des leaders, ceux qui ont pour mission d'entraîner les autres. Quel que soit le lieu, quel que soit le cataclysme, grand ou petit, alors que la plupart des gens restent paralysés, abasourdis et anéantis, on retrouve toujours de ces personnes providentielles qui comprennent ce qu'il y a à faire et se lancent dans des gestes parfaitement adaptés, entraînant les autres à les suivre. Rien ne les prépare à ces rôles de leaders. Ils sont, dans la vie, cordonnier, maréchal-ferrant, vendeur de chaussures, caissière au Monoprix, n'ont aucun passé de chef civil ou militaire. Mais ils écartent ceux qui se mettent en travers de leur route et se mettent au travail. Petit à petit, et de proche en proche, les voisins sidérés les imitent sans réfléchir et sans discuter : leurs gestes automatiques deviennent de plus en plus appropriés, ils recouvrent leurs facultés, et les voilà qui coordonnent le travail, en tache d'huile, deviennent efficaces et se transforment en sauveteurs à leur tour. Les leaders sont très importants et nécessaires pour la communauté blessée, car ils incitent à l'action au milieu du désastre... Ces comportements-là, la télévision les manque, les prenant pour des héros du bien, des stakhanovistes de l'enfer, alors qu'ils n'ont que des gestes instinctifs, parfois bien embarrassants quand arrivent de l'extérieur les colonnes de secouristes professionnels qui tentent de les écarter, au cours de rudes palabres, car, leaders empiriques, ils perdent d'un seul coup leur légitimité.

Populations sidérées et leaders sont les deux grandes constantes des situations de désastres. Mais il y en a d'autres. La première est connue sous le nom de « mentalité conservatrice ». Après le désastre, la communauté, ayant perdu ses chefs habituels, répugne à prendre des initiatives, et en particulier à se déplacer, même si on lui fait remarquer que tout danger n'est pas écarté, que le risque reste permanent, que d'autres complications peuvent survenir. Il faut parfois force et menaces pour éloigner du théâtre du cataclysme les habitants déjà éprouvés. Ils ne le font qu'à regret, souvent sous les cris et les moulinets des bâtons, au vu des uniformes.

Enfin, mais celle-ci est bien connue des télévisions qui en raffolent, se ruent sur ces manifestations et au besoin les stimulent : l'attitude la plus spectaculaire est la quête du bouc émissaire.

Après chaque crise, surtout s'il y a eu des mouvements de panique (qui s'analysent scientifiquement en séquences très claires et toujours identiques), la communauté inquiète va chercher à désigner le coupable – souvent, une population allogène, non encore intégrée complètement au village, parfois l'étranger aux mœurs différentes, d'autres fois encore l'ennemi fantasmatique refoulé dans la pensée de l'époque : « Y penser toujours... n'en parler jamais. » Les Allemands avant la guerre en France, les Japonais aux États-Unis, les Juifs tout au long de l'Histoire, mais également les manouches ou romanos chez les paysans, les immigrés pour notre époque... Et quand éclate la crise, pour ne pas se sentir les victimes absurdes d'un destin aveugle et surhumain, on va débusquer une construction logique ou un complot tramé dans l'ombre par le bouc émissaire, celui qui a voulu porter des coups fatals à la communauté et y est parvenu. Le lynchage est en vue, le pogrom en préparation, et parfois il aboutit... Les femmes tondues, les pendus et les fusillés de toutes les crises en témoignent.

La crise entraîne une souffrance, la souffrance fait apparaître les leaders, les leaders entraînent à l'action, mais également à l'action conjuratoire, avec son sacrifice nécessaire à la compréhension. Cet enchaînement est connu de tout temps. Dès l'Ancien Testament, il existait un cérémonial pour le détourner : celui d'où vient le terme de « bouc émissaire ». Il n'était pas seulement réservé aux crises épisodiques, mais revenait chaque année, à titre préventif pourrait-on dire, en conjuration pour éviter toute autre manifestation de rejet.

> Quant au bouc attribué à Azazel, il sert au rituel du pardon des péchés. On le place vivant devant le Seigneur avant de l'envoyer à Azazel dans le désert.
> ... Quand Aaron a terminé la cérémonie de purification du lieu très saint du reste de la tente de rencontre et de l'autel, il fait amener le bouc encore vivant. Il pose les deux mains sur la tête de l'animal et énumère sur lui tous les péchés, désobéissances et fautes des Israélites pour en charger celui-ci, ensuite il l'envoie en plein désert sous la conduite d'un homme désigné à cet effet. Le bouc emporte ainsi tous les péchés d'Israël dans une contrée aride [13]... »

Il est vrai que dans la société de l'Ancien Testament, il n'y avait pas de « Juif » à désigner comme coupable... et les justes savaient détourner les forces obscures qui structurent le psychisme des foules.

Ce qui est valable en cas de crise aiguë est également valable, me semble-t-il, en cas de crises « molles », chroniques, telles que nos sociétés les vivent actuellement. Aussi reconnaît-on sans peine ce processus dans le magma d'une souffrance sociale, dans l'effondrement appelé « disparition des valeurs », qui est plutôt un vieillissement des repères symboliques bornant traditionnellement un moment de l'Histoire et qui devient, faute de repère, une catastrophe trop familière et quotidienne pour être identifiée comme telle.

Les mêmes causes entraînent les mêmes effets : la plupart des sujets victimes de cette anomie souffrent de ne pouvoir identifier clairement leur souffrance. Quelques-uns agissent, mais dans l'instant, en œuvrant au plus près, au plus urgent, entraînant par proximité leurs concitoyens. Des leaders de circonstance apparaissent, sortis d'on ne sait où, qui ne doivent leur légitimité ni au suffrage universel ni à leur talent, mais à leur autoproclamation et à la myopie de l'oligarchie télévisuelle. Ainsi le bouc émissaire s'appelle la corruption, l'étranger, la mafia, les énarques, les immigrés; ceux-ci sont identifiés puis désignés à la vindicte populaire. Ces comportements signent la crise, ils entraînent immanquablement l'exclusion.

Pour moi, ce ne sont ni les paroles comminatoires, ni les mises en scène d'imprécation, les grand-messes consensuelles pour exorciser le sida, ou les vaudous expiatoires qui peuvent résoudre cet effondrement auquel on assiste, et dont nous sommes victimes. Car il s'agit d'un désastre, et ce désastre n'est pas d'ordre naturel, il est culturel.

Faute de lui trouver un nom, les médias ont nommé cette situation « phénomène d'exclusion ». Terme générique, qui signifie qu'une partie de la population, très hétérogène et donc difficilement quantifiable, est exclue de la communauté active, ou plutôt des droits et avantages minimaux. Ce peut être le logement, le travail, les soins, mais cela peut revêtir des formes plus insidieuses dans les habitudes, les comportements. On peut donc être exclu parce qu'on est relégué loin du centre, que l'on n'a pas accès à l'information, aux transports, aux terrains de jeux, aux lieux de rassemblement. On peut se sentir exclu par sa couleur, ses habitudes, ses comportements, ses signes d'appartenance. Une communauté qui ne laisse plus apparaître, ou qui ne revendique pas clairement, un projet fédérateur est obligée d'exclure finalement la masse des gens qui ne se sentent plus concernés par sa dynamique implicite et ses échanges. Ceux-là commencent à émerger, par leur appartenance et par leur apparence, et à être ressentis comme vaguement ou ouvertement hostiles, et ces exclus toujours anomiques prennent chair aux yeux des voyageurs du métro et des trains de banlieue, des promeneurs et naturellement des téléspectateurs, qui profitent de l'effet loupe, exotique, baroque et agressif du phénomène par le pouvoir sélectif, spectaculaire et ubiquitaire de la technique télévisuelle. Ces populations finissent par frapper l'imaginaire par leur nombre supposé, leurs revendications multiformes et muettes, et mettent en question l'assise même du monde qui semblait jusqu'alors stable. Pourtant, elles ne forment ni une classe, ni une caste, ni même une communauté saisissable. Elles fomentent, à leur insu, les mécanismes de la crise, et voient naître en leur sein des phénomènes automatiques : passivité (sentiment de conservation), leaders improvisés (légitimés par le terreau de la crise) et recherche du ou des boucs émissaires (la télé fournit à l'ensemble de la communauté un panel intéressant d'où émergeront tôt ou tard les victimes expiatoires).

Les décideurs ont beau édicter lois, circulaires et décrets dans une société en profonde mutation, ils accentuent encore l'effet de crise par leur impuissance, et surtout par leur incapacité à nommer clairement le phénomène. Et les gens se replient sur leur communauté, leur quartier, leurs habitudes, leur environnement familier, en essayant de les conserver. Si le gouvernement édicte par exemple : « Je stipule que chaque arrondissement de Paris doit avoir un centre pour recevoir les sans-abri... un dispensaire gratuit pour pauvres et des soupes populaires », il est probable que le XVIe arrondissement ne se sentira pas vraiment concerné, sous peine de voir son malheureux maire, non pas pendu au plus proche lampadaire avec une étole de vison, les gens y ont de trop bonnes manières, mais renvoyé à ses études sur la psychologie des foules et la démagogie électoraliste.

Le nombre toujours croissant, et en tout cas permanent, de ceux que l'on persiste dans les journaux à appeler les « exclus », met en question la validité des analyses d'une société qui ne sait plus comment

« inclure ». Elle en a perdu les mécanismes ou ils lui ont échappé, soit qu'ils se soient révélés trop faibles, inadaptés aux nouvelles contraintes, soit que ces contraintes aient été sous-estimées ou masquées pour des raisons électorales, soit que la société se soit arc-boutée à des schémas qui n'étaient plus de saison, soit même qu'elle se soit fourvoyée hors des normes humanistes, dans des systèmes économico-politiques qui rendent peut-être un pays fort, mais ses habitants malheureux.

Il est vrai que, dans l'espace virtuel de la télévision, on montre des champions, des saints au néon, des imprécateurs, des solutions humanitaires, des joueurs de basket et des mondes en fusion... Il n'empêche. Les politiques, gesticulant dans le virtuel en combats verbaux, souvent avec des arguments de café du Commerce et des mimiques de vertu, s'ils arrivent à distraire l'attention, perdent un peu plus de crédit à chaque apparition, et renforcent les leaders qui existent à l'état naissant dans les reliefs de la crise.

Les grands systèmes qui avaient été mis en place et pensés dans les années d'équilibre ne peuvent plus faire face aux problèmes, et les terribles contorsions pour calibrer, faire coïncider les données nouvelles aux grilles anciennes entraînent encore un peu plus d'impuissance, accentuent encore la situation critique. Ainsi, jour après jour, la crise molle se durcit, s'enfle et prend chair, pour se transformer un jour prochain en crise majeure, qui devra faire exploser l'ancienne grille devenue caduque. Elle ne sera pas seulement d'ordre social et politique, mais bel et bien d'ordre culturel. Elle sera devenue structurelle faute d'avoir posé à temps des données claires et pragmatiques. La France est coutumière de ce type d'explosions. Elles se résolvent souvent en quelques journées... voire en une seule nuit, comme celle du 4 Août. A ce moment émergeront les victimes – et c'est toujours injuste, car on ne peut douter de la bonne foi de la plupart des décideurs actuels... Mais c'est la loi du genre. Il faut des boucs pour nourrir Azazel.

Une des grandes catégories d'exclus, qu'il est facile de repérer, concerne les exclus des soins. L'hôpital n'a pas toujours été ce qu'il prétend être, le lieu d'excellence des soins et de l'investigation, il est passé par bien des crises. Il a même eu du mal à trouver sa voie. Alors qu'à l'origine il se définissait comme l'Hôtel-Dieu, c'est-à-dire l'endroit où les pauvres de la commune, les malades, voire les indigents de passage pouvaient trouver un toit et un bol de soupe, il était devenu les années passant un lieu de relégation, où l'on stockait les fous, les indigents, les incurables, voire les prisonniers, car l'ordre public avait trouvé là un moyen commode d'entreposer, en les isolant de la cité, tous ses indésirables. Si bien qu'à la Révolution de nombreuses voix s'élevèrent pour le faire disparaître, au nom des droits de l'homme. Il faut dire que, dans cet espace d'oubli, s'entassait à quatre ou cinq dans le même lit toute une population de gens malades, mourants ou convalescents. On avait trop vu de ces lieux sinistres, où les accouchées se mêlaient aux contagieux, dans un espace où ni l'air ni la lumière ne pénétraient facilement.

C'est là que se déroulaient les interventions, au milieu des crises et des tourments que l'on imagine, dans l'infection, la promiscuité et la résignation, qui conduisaient parfois à la guérison, mais le plus souvent à des souffrances et à la mort. Mais c'est là aussi que se manifestaient des actes de charité et de dévouement hors du commun.

Quand on a voulu réformer l'institution, au changement de régime après 1789 [14], il a fallu établir une nette démarcation entre les institutions strictement médicales, les institutions philanthropiques destinées aux orphelins, aux vieillards, aux mourants, qui après 1808 prendront le nom d'hospices, et les prisons telles la Pitié, Charenton, la Salpêtrière. Mais alors que la Salpêtrière vit disparaître sa fonction carcérale en 1795, Bicêtre allait conserver la sienne jusqu'en 1836. Cependant, l'histoire des hôpitaux remonte bien plus loin dans le temps. L'Hôtel-Dieu fut bâti vers 829, et même s'il avait brûlé en 1772, il avait été reconstruit en une sorte de capharnaüm de relégation, d'où il eut bien du mal à dégager sa finalité de soins. Saint-Louis fut un ancien lazaret pour pestiférés. Construit, lui, en 1607, il accueillit longtemps les lépreux ou assimilés. Depuis lors, il se spécialise toujours dans les maladies de la peau, et son musée dermatologique est le témoin des effroyables lésions du siècle passé.

J'ai connu, lors de mes études, de vieux fonctionnaires qui avaient contracté la lèpre au cours de leur périple colonial, et qui vivotaient dans les murs de l'hôpital Saint-Louis avec leur petite pension. On disait qu'une fois ils s'étaient sauvés en bordée au café du coin, et qu'au moment de payer l'addition ils avaient exhibé leurs moignons en criant de leurs voix d'ivrognes : « On ne paiera pas, et si vous continuez à nous présenter l'addition, on vous colle la lèpre à tous. » Le patron s'était affolé et sauvé le premier, tandis que les clients s'envolaient à tous les horizons, et que nos fêtards s'en donnaient à cœur joie dans un bistrot sans gardien. La chronique rapporte qu'une brigade d'hygiène des pompiers, peu rassurée, avait entouré le café où les noceurs faisaient les quatre cents coups et finissaient les bouteilles, jusqu'à ce que leur médecin, mi-furieux mi-attendri, vienne les chercher pour les ramener au bercail, tout penauds, en rassurant tout le monde. Leur lèpre n'était plus – et depuis longtemps – contagieuse... Ce qui avait rendu leur sortie unique et sans lendemain. Mais le fantasme était puissant et, dans les années 60, la lèpre faisait encore figure de croquemitaine, et l'on préférait la savoir derrière les murs sanitaires. Maintenant, dans une chambre de quatre, il n'est pas rare de mettre côte à côte un « psoriasis » collet monté et un lépreux mutilé, sauf que sur l'étiquette au pied de son lit on lui donne son diagnostic, savant substantif lié au nom de son découvreur, Hansen. Le lépreux est banalisé de la sorte, avec tout de même une petite réserve. Il vaut mieux qu'il reste caché dans son appellation médicale. Cela ne veut pas dire que la lèpre a disparu ou qu'on l'admet mieux, mais elle n'intéresse plus l'opinion, car elle est devenue une maladie de pauvres, et qui plus est de pauvres exotiques.

La Salpêtrière fut ouverte en 1656 sous le nom d'Hôpital général, mais elle servit de prison aux mendiants, aux indigents et aux fous. En 1795, elle perdit sa fonction carcérale, mais servit à accueillir exclusivement les femmes malades incurables, filles-mères ou prostituées. Ce fut le terrain d'exploration bien connu de Charcot, qui trouva là matière à ses travaux sur l'hystérie... sous les yeux attentifs d'un élève étranger, du nom de Freud. L'homologue de la Salpêtrière pour les hommes fut Bicêtre... Hôpital des pauvres! Hôpital-hospice pour les vieux, aubaine pour l'ordre public, qui traitait ainsi la mendicité à l'extérieur de Paris.

Les cinquante premières années du XIXe siècle renversèrent cette tendance. Elles furent les années royales de l'hôpital public, qui firent la renommée justifiée de la médecine française aux quatre coins de l'univers, et sur lesquelles nous appuyons aujourd'hui encore notre réputation... Puis il y eut le déclin et l'hôpital, un siècle plus tard, n'était plus que le dernier maillon d'une chaîne sanitaire dont, incontestablement, la médecine généraliste était le pivot. L'hôpital n'était pas un lieu de relégation... mais tout de même, lorsque j'étais jeune médecin, y envoyer quelqu'un, c'était l'adresser à coup sûr au monde des pauvres, voire à la mort et au déshonneur familial, puisque l'on signifiait publiquement de la sorte que l'on ne voulait plus du malade. Cela signifiait non seulement que tout était perdu, mais encore qu'il mourrait loin de chez lui, dans l'anonymat de la salle commune. Non que les médecins et chirurgiens qui y opéraient étaient plus mauvais qu'ailleurs, mais c'était le « privé », les cliniques et autres établissements spécialisés qui portaient, pour des raisons économiques, le flambeau de la qualité. L'hôpital, c'était pour les pauvres types.

Le système sanitaire, si tant est qu'il puisse exister un « système » sanitaire, était centré alors sur le médecin de famille, qui voyait le malade dans son environnement et savait faire appel aux compétences de la technique et des spécialistes en cas de besoin. L'hôpital avait récupéré une grande part de sa fonction d'hospice, et il n'était pas rare qu'à l'entrée de l'hiver quelques clochards se fassent admettre pour des lésions plus ou moins chroniques, histoire de passer au chaud la période des intempéries. On appelait ces malades de circonstance les « Pilons », terme souvent employé dans l'argot de Céline, terme féroce qui n'a d'ailleurs plus cours de nos jours. Certes, l'assurance ne couvrait pas l'ensemble du corps social, et la technologie n'était sans doute pas à la hauteur. Mais au risque de passer pour ces gens qui soupirent après le temps de leur jeunesse, je regrette quant à moi ce côté « hospitalier » irrémédiablement perdu. Cependant, ce n'est pas la première fois, au cours de l'Histoire, qu'il est perdu, et le balancier sera obligé d'y revenir et de restituer à l'hôpital un peu de cette fonction, car trop de gens piétinent à sa porte sans pouvoir y entrer, sous prétexte qu'ils ne sont pas malades... du moins pas selon les critères actuellement en vigueur.

Dans les années 70, il y eut à nouveau une grande réforme, due à une volonté politique de grandeur. Ce fut la création des CHU-CHR, la loi hospitalière qui devait régir rationnellement les missions de l'hôpital. Dans cet endroit devaient se faire à la fois la recherche, l'enseignement, et bien entendu la clinique. On attira donc les plus grands spécialistes en leur offrant des carrières, des salaires, des privilèges, et même le droit d'avoir une clientèle privée sous certaines conditions... Soit dit en passant, plus de vingt ans après, on discute encore la limite de ces conditions.

Et l'effort entrepris porta ses fruits. Le slogan de ces années triomphales fut « la santé n'a pas de prix », et l'on peut dire en effet que rien n'était refusé à la construction de ce système, qui n'était pas sans rappeler les efforts du début du XIXe siècle où les meilleurs médecins, les meilleurs chercheurs, au cours d'une révolution culturelle sans précédent, avaient été attirés à l'hôpital. J'ai eu la chance de faire ma spécialité d'anesthésiste-réanimateur à cette époque où apparaissaient les SAMU, et je m'en souviens comme d'un temps béni où l'on découvrait un nouveau domaine pour l'intervention médicale (les dix premières minutes après la crise ou l'accident), avec ses lois, ses stratégies, les procédures, le matériel, les formations requises. On défrichait cette spécialité sous la conduite de mon maître, le professeur Huguenard, à la fois intransigeant et à l'esprit cartésien, patron craint autant qu'aimé, dont l'objectif était d'abord l'action, l'action rigoureuse et efficace, et le dévouement au service public poussé jusqu'à la caricature... Nous formions une équipe entraînée comme pour la guerre, avec le vocabulaire de circonstance et même, vers la fin, une manière d'uniforme. Ce qui faisait sourire les seigneurs des autres services, eux aussi largement équipés par l'administration généreuse du moment. Peut-être après tout, écrivant ces lignes, j'embellis, j'arrange mes souvenirs.

Je n'étais pas aux commandes ni à l'état-major, mais seulement une sorte de petit lieutenant de terrain, et je ne percevais de tout cela que des bribes et des racontars de deuxième main, mais il me semble que nous avons vécu ces années-là comme une sorte de « plan Marshall » pour réanimer l'hôpital. Ce fut notre âge d'or. Et l'hôpital vécut une profonde transformation et une réhabilitation, si bien qu'en 1975, par une sorte d'arrogance, il y eut un complément à la loi fondatrice hospitalière, qui expulsa définitivement toute notion d'« hospice » de l'hôpital. L'hôpital devait être un lieu de technicité, un plateau technique, comme on dit, et il fallait séparer le sanitaire du social. Seul le sanitaire lui était réservé. Le social devait se pratiquer ailleurs, avec des personnels adaptés, dans des établissements adéquats... qui restaient à construire avec la même ardeur que l'on avait réformé l'hôpital. Fatale erreur. On avait ainsi extrait la maladie du malade, et mis hors du champ de compétence du personnel soignant tout ce qui fait l'environnement des hommes dans la cité, dans leur existence quotidienne et affective. Les causes et les effets de la maladie réduits aux signes diagnostiques, investigations et traitements, on avait, en somme, nié les destinées humaines.

C'est de cela que nous souffrons actuellement... A tel point que l'on a vu, depuis quelques années, passer des recommandations qui demandent que l'on « humanise » l'hôpital, avouant par là qu'il n'était pas humain!

Dans un souci légitime de rationalisation, on cherche à économiser les deniers publics, et l'on s'est mis, question de remboursement, à paramétrer les gestes et les interventions... On est passé du prix de journée au budget global pour rentabiliser les dépenses, on a comparé l'hôpital à une entreprise, à ceci près que les fonctionnaires nommés à vie ne prennent ni les décisions ni les risques que prennent les chefs d'entreprises privées. On s'est lancé dans le recouvrement des coûts, avec tout un corps de contrôleurs qui ne sont, eux, guère contrôlés... Comme, tout de même, l'entreprise en question se devait d'aligner des chiffres de productivité, on fit la différence entre le *cure,* qui signifie le soin paramétrable, avec les gestes et les techniques, les médicaments et les outils qui s'y rapportent, et le *care,* qui veut dire prendre soin, entourer, accompagner, soulager. Mais je ne suis pas sûr qu'une infirmière entourant un malade angoissé en lui tenant la main et en l'écoutant avec compassion, pratiquant donc cette partie du soin que l'on appelle *care,* si elle en trouve le temps, ne soit pas prise pour une paresseuse qui ferait mieux d'occuper son temps de travail à poser ses perfusions... Si bien que l'« entreprise », la rationalisation, le paramétrage ont probablement vicié le système qui se pensait rationnel. Alors que, par ailleurs, l'expertise et la spécialisation nécessaire et obligatoire de la médecine ont fait éclater l'abord du malade en de multiples approches toutes aussi nécessaires. Un malade désormais perçu par son unique manifestation de maladie.

C'est ainsi que s'est littéralement effondrée la notion même de santé, tandis que les diagnostics, les outils, les investigations et les résultats thérapeutiques devenaient, pour la première fois dans l'histoire des hommes, terriblement performants et efficaces.

On peut toujours s'amuser à énumérer les spécialistes qui tournent autour du malade, avec chacun son pouvoir d'intervention assorti comme toutes les choses de ce monde de son pouvoir de nuisance. Au bout du compte, on ne manque pas de s'apercevoir de la perversion de la demande, et il est temps sans doute de réfléchir un instant à ce que l'on attend de telles investigations... La santé, dira-t-on... Mais quelle santé, et à quel prix?

Voici qu'un malade est envoyé à l'hôpital par son médecin généraliste. Il ne manque pas de rencontrer le radiologue, le biologiste, éventuellement le chirurgien, les spécialistes des explorations fonctionnelles, le kinésithérapeute... On peut classer en partant de la tête vers les pieds les différents experts qu'il pourra consulter au long de son parcours – ô combien – pathologique. Du neurologue, ophtalmologue, oto-rhino-laryngologiste, stomatologiste, gastro-entérologue, néphrologue, urologue, gynécologue, au cardiologue, éventuellement hépatologue ou pneumologue, s'il ne rencontre pas le phtisiologue, le diabétologue, l'immunologiste, le bactériologiste, l'endocrinologue, le sidologue (nouvelle spécialité), le virologue, le cancérologue... Selon les machines il trouvera bien sûr le dialyseur, le pompiste, le radiologue avec ses variantes, le fibroscopiste; et s'il doit être opéré, le chirurgien viscéral, vasculaire, cardiaque, orthopédiste ou le neurochirurgien. Selon ses déviations, il pourra consulter le psychiatre, mais également le dermatologue, le proctologue ou le podologue. Selon les âges de la vie ou l'état de ses échanges, le pédiatre avec le pédo-psychiatre, le gérontologue, le médecin du travail, le médecin du sport, le médecin scolaire, le nutritionniste, l'allergologue, l'angiologue, le phlébologue et j'en passe... sachant qu'un dermatologue n'a pas grand-chose à échanger avec un chirurgien, qui en dit le minimum à son anesthésiste. Heureusement, il y a des *staffs,* des réunions entre services, mais chaque malade ne fait pas l'objet d'une analyse poussée et commune, et le chimiothérapeute par exemple raisonne souvent avec des procédures dans la solitude de sa compétence.

Il est clair, dans ces conditions, que le corps éclaté n'est plus mis en perspective, et que l'hôpital ne peut rien entreprendre si la maladie ne se trouve pas, à un moment ou à un autre, calibrée pour les ingénieurs médecins qui l'attendent. L'informaticien-médecin s'occupant de santé publique et devant mettre en musique ces efforts ne peut – ne doit, c'est une loi récente – sous aucun prétexte pratiquer la consultation, lui qui a justement la charge de juger du bien-fondé de démarches cliniques. L'hôpital est devenu schizophrène, car il tourne pour lui-même.

Bien entendu, il existe des endroits de soins intensifs, des endroits de réanimation, et parfois des endroits de soins palliatifs où l'on va pour mourir. Car l'hôpital n'est pas seulement l'endroit fait pour recouvrer la santé mais, plus solennel encore, c'est l'endroit où l'on entre dans la vie et l'endroit où l'on en sort. De réforme en déviation, de déviation en perversion, l'hôpital actuellement est le temple profane de la vie et de la mort, mais sans en avoir ni le sens, ni l'étendue, ni les moyens. Voilà pourquoi l'hôpital ne peut que fabriquer l'exclusion. Voilà pourquoi, à mon avis, il ne peut aller plus loin, sous peine de s'effondrer. Contrairement aux siècles passés, il calibre l'aliénation, pour rejeter de l'intérieur.

C'est à l'hôpital que se prépare la naissance. Toute une spécialité de périnatalogie commence avec le suivi de l'embryon, dès les premières cellules... Dès même la conception, car la procréation médicalement assistée, qui a succédé à l'insémination artificielle, a reculé jusqu'en deçà de l'apparition de la vie l'empire de l'institution. Elle gère le conseil génétique et, dans ses laboratoires, dresse les cartes génétiques. L'enfant sain, l'enfant malade qui sera suivi et bientôt traité par thérapeutique génétique, l'homme que l'on répare, les organes qui s'échangent, la réanimation qui grignote chaque jour sur la mort, et enfin le mourant par l'accompagnement dans ses unités de soins palliatifs, tout a contribué à transformer l'établissement en une sorte d'Olympe où se discutent et se jouent des mécanismes fondamentaux de l'être. On bute évidemment sur les définitions de l'Homme, et le pauvre matériel éthique dont on dispose pour cette œuvre n'est évidemment pas à la hauteur des ambitions que, petit à petit, l'hôpital s'est octroyées. Car des considérations économiques évidentes font qu'il sera impossible de faire profiter tout un chacun de ces possibilités technologiques. L'équation est simple, évidente et aveuglante. Les prouesses sont possibles techniquement, mais limitées par leurs dimensions éthiques, qui cependant peuvent être transgressées. Elles sont surtout limitées par leur coût, ce qui me fait écrire sans risque d'être contredit : il est impossible que l'ensemble de la population bénéficie des possibilités de la médecine actuelle. D'ores et déjà, le droit commun est une fiction qu'il convient de reléguer au musée des utopies. L'hôpital exclut, du fait de ses thérapeutiques d'exception, parce qu'il n'a pas les moyens financiers d'en faire bénéficier toute la population. N'importe quel anesthésiste de garde au SAMU le sait, lui qui doit « placer » en réanimation ou dans les services de pointe ses patients en difficulté... Un patient de plus cinquante ans, par exemple, s'il est plus ou moins bien couvert par l'assurance, a peu de chance d'y être accueilli avec enthousiasme, et il arrive souvent que certains soient récusés « faute de place aujourd'hui »...

Pour connaître les limites de ces possibilités, il suffit de descendre, niveau par niveau, le seuil des possibles... accessibles au plus grand nombre. On s'apercevra assez vite que ce potentiel ne peut être que restreint, car le plateau technique, le personnel, l'hôtellerie, les soins et les médicaments coûtent cher. Et si l'hôpital exclut des soins un certain nombre de malades, c'est parce qu'il ne peut pas faire autrement!

Cela met en question la définition de la maladie. Et nous approchons du moment de vérité. Il faut avouer aux médecins – car les malades le savent bien – qu'on ne guérit pas, personne ne guérit! Un jour, on rencontre sa maladie mortelle et l'on meurt... Tous les hommes doivent mourir et l'hôpital n'y peut rien. En revanche, ce que les hommes demandent, c'est d'être soulagés, entourés, compris, écoutés, de passer le cap d'une maladie de rencontre... d'être aimés, ou à défaut consolés. L'hôpital est un endroit profane, il a mimé la toute-puissance, il a masqué la mort, il a fait signer aux hommes de notre époque le même contrat faustien qui garantit la jeunesse, la beauté, la santé éternelles que l'on a signé dans bien d'autres endroits en ce siècle. Mais comme tous ces pactes, c'est un contrat de dupes. L'hôpital sait le faire, certes, mais pour une caste d'élus, pas pour le grand nombre. C'est pourquoi il ne tiendra pas les promesses qu'il affiche.

Voilà pourquoi les pauvres ont du mal à entrer à

l'hôpital, malgré les circulaires et les grandes déclarations, malgré les mythes égalitaires et les déclamations mélodramatiques.

« Surtout pas de médecine à deux vitesses », clame-t-on! Je voudrais que l'on m'explique comment on va s'y prendre pour l'éviter.

8

Le baiser au lépreux

COMME une sorte de témoignage de l'évolution des mœurs et des idées, la « maison » de Nanterre où j'exerce raconte par sa complexité tout ce passé, car elle a recueilli sur son territoire à la fois l'hospice, l'hôpital et la prison. En fait, par bien des aspects, elle évoque l'Ancien Régime, l'époque où l'hôpital, comme celui de la Salpêtrière ou celui de Charenton, représentait une solution commode pour les autorités puisqu'on y gardait en vrac tout ce qui pouvait potentiellement troubler la paix civile : malades, vieillards, indigents, délinquants, fous, prostituées, etc.

Ce n'est que peu à peu que l'on a su séparer clairement les fonctions : l'hospice pour les vieux a évolué en maison de retraite, le centre pour indigents est devenu centre d'accueil, l'hôpital proprement dit a émergé comme un établissement de droit commun, et la prison, qui s'appelait alors dépôt de mendicité, est devenue le CHAPSA [15]. Les autorités parisiennes du XIXe siècle avaient eu besoin, pour des raisons d'ordre public, de se livrer au « ramassage » des individus qui leur paraissaient suspects dans les rues, et de les reléguer hors de Paris. Elles disposaient alors d'établissements à Saint-Denis, Nanterre, et jusqu'à Villers-Cotterêts, dans l'Aisne, pour y maintenir des gens qui leur semblaient mieux à leur place le plus loin possible de la capitale. Nanterre est celui qui a survécu.

Naturellement, au fil du temps, certaines fonctions se sont dégagées et d'autres intriquées : le dépôt de mendicité de Nanterre débouchait sur le centre d'accueil, qui hébergeait également les indigents des communes environnantes, et l'infirmerie que ne manquèrent pas d'ouvrir les sœurs de charité devint vite un hospice, puis un hôpital. L'histoire a fait le reste, et ces structures qui avaient une origine et une finalité différentes coexistent actuellement, ce qui en fait un monde unique en son genre, plutôt complexe à diriger, que l'on appelle le CASH [16] de Nanterre.

Le dépôt de mendicité était une prison un peu particulière, dans la mesure où l'on y enfermait des personnes en quelque sorte « raflées » sur leur apparence, en vertu de deux articles de loi : l'un décrivait le délit de vagabondage, et l'autre celui de mendicité. Ces articles de loi, tombés en désuétude en 1984 dans le Code pénal, ont été totalement gommés de la panoplie juridique en 1992.

Ce n'était pas une prison féroce, même si c'était une prison. Les autorités politiques craignaient les pauvres, à l'époque, comme faisant partie d'une classe hypothétique mais dangereuse. Les émeutes avaient émaillé le siècle, et les idées révolutionnaires et anarchistes travaillaient le monde ouvrier du début de l'ère industrielle. D'une certaine façon, cette relégation était l'un des outils dont s'était dotée la police pour contrôler les éventuels débordements des éléments troubles. Dans cette prison un peu particulière, on pouvait « cantiner », accumuler trois sous durant sa peine et, si l'on arrivait à justifier d'un domicile ou d'une possibilité de domicile avec ses quelques sous, on était remis en liberté, son temps accompli... Certains trouvaient que c'était une aubaine quand ils étaient à bout de misère et de forces, partant du vieux dicton de chemineau : « En prison le lit est dur, mais la gamelle est sûre. »

Souvent, ils restaient sur place et se mêlaient aux pauvres des sept communes environnantes, constituant l'abcès de fixation de la grande misère de la région. Les édiles de Nanterre soupirent encore parfois de cet héritage car, contrairement à la commune voisine de Neuilly, l'usage s'est perpétué d'accueillir ce genre d'habitants, qui allient la misère à l'alcoolisme, l'alcoolisme au chômage, le chômage au déracinement, et donnent un ton un peu particulier à une partie de ce territoire puisque, même si les mœurs ont changé, même si le souci d'ordre public n'est plus la motivation première au ramassage dans les rues de Paris et dans les couloirs du métro, même s'il n'y a plus d'espace juridique pour le faire... et même si depuis longtemps on ne croit plus aux classes dangereuses, les forces de police continuent à recueillir de manière persuasive les gens dans Paris pour les conduire à Nanterre.

Nanterre reste un établissement parisien hors de son territoire municipal, d'où les malentendus et les discussions que l'on perçoit parfois entre les administrations des deux communes. C'est ainsi que le président du conseil d'administration du CASH de Nanterre est le maire de Paris, et par délégation le préfet de police de Paris. Tous les préfets de police ont attaché de l'importance à ce rôle, pour des raisons d'ordre public certes, mais également pour des raisons d'hygiène et de salubrité, car tous ont subodoré qu'il se passait là des phénomènes de cet ordre. Et, traditionnellement, l'hygiène et la salubrité urbaines ont toujours intéressé les préfets de police.

Quoi qu'il en soit, jusqu'en 1989, l'hôpital de Nanterre, héritier de l'hospice qui avait suivi sa voie naturelle en devenant un vrai hôpital, était alimenté par les budgets indifférenciés de la préfecture de police ou de la Ville de Paris. C'est dire qu'il échappait au traitement des hôpitaux publics. C'était peut-être un inconvénient au plan des techniques médicales, mais cela avait l'avantage de reconduire automatiquement les budgets sans trop de difficultés. En 1989, l'hôpital est devenu, par décret du Conseil des ministres, un hôpital de droit commun, hôpital général départemental, avec sa destinée d'hôpital et ses contradictions. Il a subi à son tour la loi de 1975 qui expulsait le

« social » de ses missions pour ne lui conserver que le « sanitaire ».

Depuis longtemps, la prison s'était transformée en asile de nuit et la BAPSA (Brigade d'assistance pour personnes sans abri) de la préfecture de police comme celle de la RATP (la « retape » dans l'argot local) amenaient jusqu'à quatre cents personnes par jour, qu'elles débusquaient, les uns sur la voie publique, les autres dans le métro, pour les enregistrer, les faire se doucher, leur offrir un repas voire une nuit de sommeil, avant de les ramener sur Paris en les égrenant le long du parcours, en une sorte de noria qui fonctionnait vingt-quatre heures sur vingt-quatre.

Cette opération n'avait pas duré sans interruption depuis le XIXe siècle. Elle avait cessé durant des années, mais avait été remise au goût du jour en 1965, sous forme d'une campagne médiatique appelée alors « opération PP », non pour « préfecture de police » mais pour « poux-puces »... Opération Poux Puces! Depuis, on l'avait pérennisée, le folklore bon enfant ayant débusqué un vrai besoin, et l'on n'avait plus envie d'en sourire. Car les gens ramassés par les cars de la BAPSA étaient loin d'être en bonne santé, et ils présentaient des lésions souvent épouvantables. Mais dans les années 60, les clochards avaient encore une image d'aimables philosophes, un peu bizarres certes, mais ayant choisi leur mode de vie par paresse ou par anarchisme. On citait traditionnellement ce professeur de philosophie ou ce médecin qui, un jour, avaient tout quitté pour vivre leur bohème sur les quais de la

Seine... Bien entendu, personne ne les a jamais rencontrés, mais c'étaient des figures mythologiques que l'on aimait véhiculer, comme faisant partie du paysage parisien. Il existe encore de ces cartes postales humoristiques où l'on voit les clochards alcooliques et bons enfants, vivant en marge et par choix, sous l'œil indulgent des gens du quartier et de la police. Un bon nombre de films ont été réalisés sur ce thème, l'un avec Jean Gabin et Darry Cowl en particulier (que l'on peut classer je crois parmi les très mauvais), un autre avec Michel Simon, *Boudu sauvé des eaux,* qui m'a laissé un grand souvenir. Ils se situaient dans la tradition du clodo bon enfant, malin et finalement heureux de son sort.

Cette image-là n'est plus de saison. En 1994, les clochards sont des gens qui souffrent, et s'ils choisissent leur mode de vie, c'est plus par la fatalité de leur condition qui les conduit, d'actes manqués en actes manqués, à ne pouvoir rien réussir. Le pittoresque et aimable point de vue est devenu une tragédie grotesque, et le nombre, mais surtout la diversité des gens qui vivent par force dans les rues de Paris n'est pas un sujet de réjouissance.

Malgré la proximité de l'hôpital, les gens ramassés et déposés à Nanterre avaient finalement peu de chances de rencontrer les structures sanitaires, soit qu'ils n'expriment pas de demande, soit qu'on ne les prenne pas en compte, soit en raison de la myopie particulière développée à l'encontre des gens de leur sorte. Tout contribuait à ce qu'ils repartent avec leur souffrance sans pouvoir consulter de médecin. Il fallut, en 1984, qu'un jeune interne des urgences de l'hôpital regarde avec attention le sort qui leur était réservé et constate leur état, pour qu'il mette en route une véritable petite révolution, et finisse par créer, avec les difficultés que l'on imagine, une antenne médicale spécifique au CHAPSA, une antenne médicale dédiée à ces gens. Son nom mérite d'être reconnu, car il a agi comme un pionnier, le premier du genre : c'est le docteur Patrick Henry.

Au cours des années, ce médecin a pu observer de manière rationnelle les mécanismes des lésions que présentaient les gens ramassés dans les rues, et l'équipe que je dirige et qui lui a succédé a largement profité de son expérience, si bien que je ne suis pas arrivé en terrain totalement inconnu. Mon périple professionnel au sein des Médecins sans frontières, aussi bien que celui qui m'a toujours conduit à exercer dans les situations de crise, m'a permis de mettre en perspective une pratique qui demande, compte tenu de ce qu'est devenu notre « système » sanitaire, des dispositifs particuliers.

En tant que chrétien, je n'ai jamais regardé les malades, quels qu'ils soient, que comme des hommes de même rang que moi : le regard de compassion que je porte sur la souffrance est un regard qui concerne aussi bien ma propre condition. Les êtres que je rencontre sont intacts, même si leur corps se défait, même si leur esprit s'égare. C'est ce que m'a appris la traversée de toutes ces années et l'interrogation sur les destins. Rien n'est plus mal distribué que la souffrance, rien non plus n'est plus mal distribué que la grâce. Cette injustice est terriblement troublante et m'a souvent fait trébucher. Ce que j'aime dans ces gens que je rencontre n'est certes pas leur chute, mais la providence qui me met sur leur chemin. L'échange qui s'opère est de l'ordre de l'indicible mais c'est un échange, et il me fait comprendre que je suis plus heureux comme médecin en cet endroit que dans n'importe quel autre où ma technique et ma compétence seraient plus importantes que la spontanéité de ce rendez-vous. Les gens « sans surface sociale » se rencontrent plus aisément, même avec le mensonge, la séduction, la misère et les stéréotypes, car les corps mis à nu qui grelottent dans leur misère et leur détresse impudique disent clairement d'où ils viennent. Le langage métaphysique s'exprime aussitôt. Je suis au cœur des destinées, le baiser au lépreux est toujours d'actualité, mais il est archaïque, ce n'est pas le lépreux que je me force à embrasser : la vue des lésions, depuis le temps, ne me heurte plus, et en cas d'urgence je pourrais, avec réticence sans doute, lui faire du bouche-à-bouche s'il avait besoin d'être réanimé. Non, ce que je me force à aimer, c'est l'étrangeté de l'autre, rendu encore plus étrange par son malheur, qui est celui dans lequel je dois pouvoir me projeter.

Je n'y suis pas encore parvenu. « Aime ton prochain comme toi-même » est, je crois, la clé ultime qui ouvre la porte du royaume de Dieu. Je l'ai en main. Je ne sais pas m'en servir.

« – Les grelots... murmura-t-il.

Et aussitôt, en effet, j'entendis un bruit de grelots encore lointain. Nous nous arrêtâmes. François tremblait. Les grelots approchaient de plus en plus.

– Il arrive, bégaya mon compagnon en s'appuyant sur moi... Il arrive.

– Partons, sauvons-nous, fis-je en le tirant par la ceinture.

– Pour aller où? pour fuir la volonté de Dieu? Comment? Impossible, malheureux Léon.

– Prenons un autre chemin.

– Sur chaque chemin, nous rencontrerons un lépreux, tu verras, toutes les routes se peupleront de lépreux. Ils ne disparaîtront que lorsque nous serons tombés dans leurs bras. Alors, durcis ton cœur et continuons [17]. »

Ce n'est donc pas un hasard si je suis, au terme d'une vie professionnelle tourmentée, mais toujours marquée par l'urgence, le collectif, la précarité, au cœur du problème de l'exclusion à un moment où, justement, l'institution hésite, prenant conscience du problème mais ne sachant comment l'aborder. Je ne me crois pas plus compétent qu'un autre, encore que l'expérience me maintienne en éveil et me fasse évoquer parfois des solutions empiriques, quelquefois réalistes et praticables, d'autres fois trop académiques ou littéraires. Je n'ai pas d'orgueil de praticien et je sais me retirer, même en discutant ferme. En revanche, le point de vue qui m'a été accordé, et Dieu sait que je m'en suis défendu, est celui d'un croyant qui espère en la charité. Quand je dis charité, je pense bien sûr à la vertu surnaturelle que l'on appelait ainsi, et qui est l'autre nom de l'amour, avec sa nuance de tolérance, de bienveillance et de compassion. C'est cette charité-là qui lie les êtres entre eux, tous les êtres, à commencer bien sûr par les hommes. Je voudrais tant pouvoir cheminer dans la lumière de cette vertu cardinale... Mon malheur est que je la pressens et que je suis écartelé dans ma condition... Aussi m'est-il facile de m'occuper des exclus : je le fais sur le versant profane, sans le moindre mérite, avec seulement des grilles et des schémas pour être pragmatique et efficace. Le reste n'est pas encore au rendez-vous, mais j'ai confiance.

9

L'hôpital se moque de la charité

Ce qui paralyse, c'est l'innommé, l'innommable. On ne peut rien entreprendre tant que l'on n'a pas décrit. Au cours de ma carrière, il m'est souvent arrivé d'envier les médecins du XIXe siècle qui, à force de raisonnement, d'honnêteté scrupuleuse et d'humilité, parvenaient à construire un schéma mental et à lui donner un nom. Évidemment, une fois baptisée, il était difficile de sortir de cette grille établie, et ils le savaient bien, eux qui s'échinaient à trouver le modèle le plus rigoureux et le plus loyal. Cette époque fut une époque de géants et l'effort de classification, de taxinomie qui était en quelque sorte leur seul outil, éclairait l'avenir, remettant à plus tard les prouesses thérapeutiques, puisque cette entreprise devait ouvrir sur des actions que la technologie du moment ne leur permettait pas. Ainsi ont été construites la neurologie et la neuropathologie, et d'ailleurs quasiment toute la médecine. On continue à s'appuyer encore largement sur leurs raisonnements... Savoir nommer, donner un nom, tel est le début de toute démarche d'action, mais qui peut être également terriblement contraignante et totalitaire.

> « Avec de la terre, le Seigneur façonna toutes sortes d'animaux sauvages et d'oiseaux et les conduisit à l'homme pour voir comment celui-ci les nommerait. Chacun de ces animaux devait porter le nom que l'homme lui donnerait. L'homme donna donc un nom aux animaux domestiques, aux animaux sauvages et aux oiseaux [18]. »

Rien donc ne peut être entrepris s'il n'est nommé, mais l'art de l'homme d'action réside bien sûr dans sa manière de décrire le monde en fonction des moyens dont il dispose ou dont il pourra disposer. Ce n'est pas une classification universelle que l'on recherchera quand on est sur un terrain inconnu, mais un outillage approprié pour trouver le premier point d'appui. Comme on le dit cyniquement en cas de catastrophe, définie comme « une brusque rupture entre les besoins et les moyens », il faut s'efforcer de désigner les besoins à la mesure de ses moyens... Puis on gagne du terrain en élargissant son champ d'action, par davantage de moyens en hommes et en matériel, débusquant du même coup de nouveaux besoins – à condition d'être d'une loyauté absolue. C'est en tout cas ce que l'urgence m'a appris. J'ai bien conscience qu'il s'agit là d'une démarche grossière mais, quand on se trouve au milieu du chaos et que l'on doit traiter un grand nombre de gens, on se doit de définir le terrain, se définir, définir ses missions et les mettre dans une économie qui leur permettra de se pérenniser – et cela sans porter de jugement.

A Nanterre, dans l'antenne médicale du CHAPSA, j'ai donc explicité pour l'équipe les missions jusqu'alors implicites de la consultation. Elles étaient au nombre de quatre :

– Il s'agissait d'une consultation pour exclus, c'est-à-dire des gens pauvres qui n'avaient pas consciemment choisi de se retrouver là. En effet, ils y étaient amenés par les brigades de la police et du métro, et même s'il s'en trouvait qui venaient volontairement, par leurs propres moyens, c'était – et leur interrogatoire le confirmait – parce que l'hôpital (je parle de l'hôpital en général : n'importe quel hôpital de la région ou de Paris) leur avait refusé son entrée ou les avait prématurément mis à la porte.

– La plupart des malades présentaient des lésions dermatologiques impressionnantes, et donc relevaient de soins infirmiers lents, précautionneux et professionnels, avec cette particularité qu'ils risquaient de disparaître en cours de traitement. Il ne fallait donc viser ni la guérison ni la cicatrisation, et surtout ne pas se servir de thérapeutiques décapantes à laisser à demeure.

– La troisième caractéristique résidait dans le fait qu'un grand nombre de ces malades n'avaient pas conscience de la gravité de leurs problèmes. Ils étaient passés à travers la plupart des dispositifs d'investigation, qui les avaient refoulés à cause de leur aspect, leur odeur, leur comportement, et il était donc nécessaire de leur imposer des examens cliniques systématiques, dans la mesure où l'on rencontrait des signes d'appel, pour pouvoir les orienter de manière adéquate.

– La quatrième particularité, enfin, tenait au fait qu'un nombre appréciable de ces malades disposaient de droits sociaux ou de couvertures sociales dont ils n'usaient pas, par lassitude, par ignorance ou par incapacité à surmonter les étapes administratives. Les tâches principales consistaient alors à tenter de les remettre dans leurs droits.

Il restait également une autre mission, celle de rechercher les cas de tuberculose, car il était de notoriété publique que ces malades étaient largement touchés. Et, les cherchant... on les trouvait!

Une fois éclaircies les missions, consultations d'infirmerie, triages, consultations médicales, investigations sociales et enquêtes de santé publique, il fallut essayer de comprendre qui étaient ces malades de rencontre dont il ne fallait pas perdre de vue qu'ils ne venaient pas vraiment en demandeurs, du moins apparemment. Nous les avons classés en trois strates distinctes, qui déterminaient trois abords différents :

– La première strate concernait ceux que l'on a coutume d'appeler les clochards. Ils présentaient des lésions plus ou moins graves, la plupart du temps liées à l'alcool et au tabac, aux stress et à la vie de la rue, avec des troubles psychiques plus ou moins importants. Il y avait certes différents degrés dans leurs affections qui pouvaient aller jusqu'à l'effondrement total de la personnalité, mais l'une de leurs caractéristiques communes, outre la dépendance à l'alcool, résidait dans l'atteinte psychique qui leur avait ôté l'évaluation de leur corps intègre. Autrement dit, à peu près tous les malades de cette première strate n'auraient su dire s'ils étaient en bonne santé ou non, et donc ne savaient et ne pouvaient formuler leur demande. Quand bien même l'auraient-ils pu d'ailleurs, il y a de fortes chances qu'on n'en ait rien vu aux urgences des hôpitaux, par tendance à la cécité de la part des soignants pour ce type d'exclus.

– La deuxième strate concernait une catégorie bien différente de gens, dans laquelle on mettait les toxicomanes, aussi bien intraveineux que polymédicamenteux, les étrangers en situation irrégulière et les malades psychiatriques. Cette deuxième strate, plus encore que la première, signait l'impuissance du système sanitaire actuel à intervenir dans ce genre de pathologies.

– Enfin, la troisième strate, de loin la plus floue et la plus nombreuse, concernait tous ceux qui, pour une raison ou une autre, étaient en rupture de société, adolescents en fugue, petits délinquants ou sortant de prison, jeunes en faillite de famille ou issus des banlieues ou en rupture d'institution... ou tout simplement totalement acculturés, c'est-à-dire en marge de tout système de référence et de toute loi. C'est dans cette catégorie qu'on aurait pu verser également les chômeurs en fin de droits, ou ceux que l'on appela un moment « les nouveaux pauvres », s'ils s'étaient présentés, mais nous ne les voyions pas car Nanterre n'avait pas une réputation d'accueil suffisante. Et surtout, étant trop périphérique, notre consultation ne pouvait les concerner.

La tentation, bien sûr, était de se replier sur nous-mêmes, et d'acquérir jour après jour de nouveaux moyens en locaux, personnels et matériels, en fonctionnant à la manière d'une équipe MSF en terrain totalement vierge. Car l'exclusion a tendance à attirer par gravitation tous ceux qui œuvrent dans son champ. Comme le dit Patrick de Klerck, l'ethno-psychanalyste de l'équipe, en une jolie formule : « Médecin des pauvres égale pauvre médecin. » Aux yeux des autres, un médecin qui se respecte ne se commet pas avec cette population. Je connaissais déjà cette inclinaison de voisinage, qui fait assimiler, par mimétisme, le médecin à son type de clientèle. Je l'avais éprouvé lorsque j'étais médecin à Fleury-Mérogis, probablement la plus grande prison d'Europe. Aux yeux de ses pairs, un médecin qui travaille en prison, pratiquant une « médecine pénitentiaire », ne peut pas l'avoir choisi. Il est là par défaut, échoué au gré des échecs professionnels, et n'est donc respecté ni de l'administration qui l'emploie, ni des médecins qui œuvrent dans des endroits plus dignes, ni de l'institution médicale qui l'ignore, ni même des détenus qui ne comprennent pas la place qu'il occupe. Telle est la force de l'exclusion, et il ne s'agit pas de paranoïa, trop d'indices convergent vers cette analyse : le conseil de l'ordre détourne les yeux des pratiques médicales en prison, l'administration pénitentiaire considère les médecins comme des fonctionnaires internes, nécessaires mais médiocres, en leur accordant des vacations du bout des lèvres mais pas de personnel infirmier autonome. Mais surtout, en période d'épidémie de sida, alors qu'il était de notoriété publique que la toxicomanie intraveineuse était très durement touchée par l'épidémie et qu'au moins vingt pour cent des détenus des maisons d'arrêt autour des grandes villes étaient atteints, du fait de l'usage et du trafic de la drogue, pas un seul des « sidologues » officiels, qui tenaient pourtant le haut du pavé et se répandaient en discours alarmistes dans les médias scientifiques ou grand public, pas un seul ne s'est penché sur ce phénomène qui se passait derrière les barreaux, et transformait en quelque sorte l'endroit en une concentration de personnes séropositives et sidéennes, fournissant plus de cas qu'il n'y en avait ou qu'il n'y en aurait jamais dans toutes les consultations spécialisées de Paris. Il a fallu que j'aille voir mes amis de la Pitié-Salpêtrière pour monter une consultation spécifique, car personne n'y avait pensé spontanément... L'exclusion derrière les barreaux se situait également derrière les têtes, même les plus disponibles et les plus savantes, et on avait en somme oublié le phénomène parce qu'on ne pouvait pas le voir – les médecins d'un certain rang ne pratiquant pas auprès des détenus, les détenus ne pouvant passer dans le champ de préoccupation de tels spécialistes.

Le temps a passé, bien sûr, et des solutions se sont mises en place avec astuce et efficacité. Mais durant toute une période, on avait omis de regarder vers l'endroit le plus touché par le fléau, par aveuglement institutionnel, par désinvolture peut-être, ou par habitude de pensée... On avait gommé du champ des préoccupations scientifiques et médicales un endroit peu convenable, et pourtant fortement atteint.

Avec les équipes de MSF, nous avions l'habitude de ne compter que sur nos propres forces, nos techniques, nos personnels, notre logistique... trop exclusivement peut-être – peu enclins à nous mêler aux notables de l'« establishment » médical. Mais à Nanterre, j'étais retourné dans la fonction publique, et il m'a fallu intégrer le fait que je faisais désormais partie d'un projet global, hospitalier et social, avec des particularités qui le rendaient souvent difficile à comprendre, étant tiraillé par ses multiples contradictions. Notre structure était partie prenante de l'effort de l'hôpital, avant-poste des urgences, et appartenait structurellement à leur fonctionnement et à leur logique propre. D'ailleurs, elle est la seule porte d'entrée de l'hôpital qui, jour après jour, permette d'hospitaliser entre quatre et six des malades que nous repérons, tant leur état de santé est préoccupant.

Le système hospitalier, et pas seulement celui de Nanterre, tel que je le perçois en tout cas, a tendance à hésiter sur les gens qui ne sont pas conformes à un certain calibrage de cas. Il est en effet régi par des lois et règlements, et c'est même la condition *sine qua non* pour qu'une institution fonctionne. Si, d'un bout à l'autre de l'institution, on applique les mêmes lois et règlements, avec la même attitude, le CHAPSA qui est en fin de chaîne exclura à son tour. On se doit donc d'y être plus compréhensif, même si cette compréhension est parfois perçue, à tort, comme du laxisme, voire de la complaisance. Je veux bien croire que les comportements et les raisonnements des médecins formés à l'action humanitaire peuvent créer des malentendus d'interface avec les logiques institutionnelles, mais ce sont des points de vue de bonne volonté, et ils se résolvent sans grandes difficultés la plupart du temps.

Cependant, la fonction publique hospitalière, d'une manière générale, quand elle est confrontée à des problèmes relevant d'abord de la misère et de ces grands phénomènes de santé publique, a tendance à céder à l'humanitaire ce qu'elle n'a plus le désir ou les moyens de traiter. C'est ainsi que l'on compte de plus en plus de structures de type dispensaire, situées hors de l'hôpital et gérées par des associations caritatives, signes tout de même d'une carence en la matière... et qui remplissent à la place de la fonction publique une mission que celle-ci prétendait sienne.

Pour aborder les problèmes de l'accès aux soins, il faut des solutions nouvelles. Je ne suis pas de ceux qui disent « hors de l'humanitaire, point de salut », car l'humanitaire, s'il est plus souple que l'institutionnel, finit par prendre à force de succès et d'efficacité des allures d'appareil. C'est la loi réservée à toute structure de ce type. A ses débuts, elle est constituée d'un rassemblement de militants et n'est pas très efficace. Quand elle le devient, c'est au prix de procédures, lois et réglementations qui peuvent la transformer à son tour en forteresse. Pourtant, son champ d'action arrive à recouvrir des domaines où l'institution ne s'aventure pas. Le second inconvénient réside dans sa quête permanente des budgets et du renforcement sans cesse répété de sa légitimité, l'un n'allant pas sans l'autre... D'où l'étrangeté de trouver un département de communication dans la plupart des grandes organisations non gouvernementales, et qui dit communication dit simplification, ou réclame, ou propagande. Enfin, mais c'est là une conviction tout à fait personnelle, l'humanitaire doit référer à un schéma de l'homme et de sa dimension qui confine à des valeurs transcendantes. Et, bien que par discipline collective j'appartienne – et je revendique cette étiquette – à une organisation non politique et non confessionnelle, il y a beau temps que je me suis fait mon idée sur la nature de cet engagement. A titre privé, mon humanitaire n'est pas profane, il est celui d'un enfant de Dieu. Je mets mes convictions dans ma poche, si j'ose dire, quand je me réclame de Médecins sans frontières, qui accueille et doit accueillir des hommes de bonne volonté, athées, agnostiques ou engagés, en l'intimité de leur cœur, dans des convictions philosophiques ou métaphysiques qu'ils gardent secrètes... eux! Comme je ne me sens pas de vocation évangéliste (ou alors il faudrait commencer par affermir ma propre théologie), mes positions à l'intérieur du groupe sont ressenties avec la sympathie que l'on accorde aux coups de cœur des hommes de passion, et la tolérance due aux anciens qui savent parfois élever la voix.

Ma vie professionnelle a donc été marquée par les mœurs de l'humanitaire libre de ses propos, et surtout libre d'évoluer en dépit des régulations parfois contraignantes de l'institution. Et j'en apprécie les performances. Elles peuvent être utiles. Mais ce n'est pas forcément la bonne solution, surtout pour l'hôpital.

Parfois, c'est vrai, l'humanitaire a servi d'aiguillon, et d'autres fois de chiffon rouge, à l'institution. Mais notre époque fait basculer de plus en plus vers le caritatif, volontairement ou non, ce que la fonction publique, dont c'est pourtant la mission, ne sait plus faire. Ainsi en va-t-il de l'accès aux soins pour les pauvres car, malgré tout ce qui se dit ou s'écrit, un très grand nombre de malades désormais, parmi la frange des déshérités, n'a pas accès facilement aux soins hospitaliers. C'est là que se pose le dilemme du « droit commun » que j'évoquais tantôt. Ce droit dit en substance que pour rien au monde il ne faut créer de dispositifs particuliers pour ces gens. Le système sanitaire et la couverture sociale de notre pays sont ainsi faits que tout un chacun a droit aux soins, et s'ils sont refusés c'est que l'hôpital se met lui-même hors la loi... Signalons donc chaque fois que nous constatons un manquement à cette loi, et les contrevenants seront punis! mais de grâce, pas de particularisme : nous irions directement vers une médecine à deux vitesses, l'une pour les pauvres, et l'autre pour les nantis, c'est-à-dire les « ayants droit ». Tout ce que l'on est en mesure de proposer, ce sont des lieux particuliers, à la rigueur humanitaires, en amont de l'hôpital, pour remettre dans leurs droits des gens qui ne savent pas qu'ils en ont, pour rappeler à leurs devoirs les administrations et les personnels excluants, envoyer fermement à l'hôpital ceux qui en ont besoin, quels qu'ils soient, mais certainement pas créer des dispensaires « quart monde », qui conduiront inéluctablement à deux catégories de traitements, deux catégories de citoyens, en stigmatisant, avec les meilleures intentions du monde certes, les pauvres gens. On créerait ainsi des ghettos, et l'on accentuerait le phénomène en les excluant encore plus. Il n'y a donc qu'une seule stratégie : le droit commun! le retour au droit commun! l'exigence du droit commun!

Mais ce discours ne tient pas compte de l'urgence de la réalité. Certes, outre la dépense d'énergie considérable – qui après tout, peut-on objecter, n'est pas à prendre en considération –, chaque malade, nous le rabâchons à chaque occasion, mérite qu'on lui consacre le temps, tout le temps nécessaire, et qu'on soulève pour lui toutes les montagnes administratives et les inerties institutionnelles, sans se laisser impressionner par la file d'attente sans cesse grandissante des postulants, chaque cas méritant qu'on s'y attarde – cela est entendu. Au-delà de cette dépense d'énergie, donc, on s'aperçoit qu'il n'existe plus de lieux où se font ces soins, ces demandes, ces investigations pour bon nombre de ces gens. Le droit commun est invoqué en ce cas comme une sorte de formule conjuratoire. Il trouve ses limites et l'expérience de terrain prouve qu'il faut quand même que des dispositifs existent pour tous ces cas hors norme, qui sont de plus en plus nombreux. Cela oblige à beaucoup d'attention car, c'est vrai, le danger des fameuses « deux vitesses » est une réalité. Mais elles existent déjà, et l'avantage est que cela permet d'évoluer dans une zone moyenne où l'on peut se servir des deux démarches pour résoudre des problèmes autrement insolubles.

Le droit commun est un mythe égalitaire. Il ne fonctionne plus dans le système sanitaire en crise. L'expérience des organisations humanitaires travaillant sur le terrain est éloquente. Leurs dispensaires ne désemplissent pas. Et la seule véritable tentative du service public pour résoudre ce problème est localisée à Nanterre, grâce aux structures médicales du CHAPSA. Je ne suis pas l'initiateur de ces structures. J'en ai hérité. Elles venaient des efforts de mon prédécesseur, et lui-même s'était installé dans une institution qui était une survivance d'un ancien dispositif. Mais c'est tout de même en cet endroit que l'on constate le mieux les failles du système actuel avec bien entendu les corrections qu'il faut apporter à cet effet loupe, caricatural, dû au fait que les malades sont ramassés en une sorte de « chalutage » tragique dans les rues de Paris et dans les couloirs du métro. Il témoigne du dysfonctionnement de l'accueil à l'hôpital. Il est juste également de dire que l'Assistance publique de Paris a récemment pris conscience du phénomène et que, sous l'impulsion d'hommes et de femmes de bonne volonté, elle a créé des endroits, d'abord à l'hôpital Saint-Antoine, puis désormais dans une dizaine d'autres hôpitaux, pour se spécialiser dans l'accueil des exclus. Mais ce n'est que le début de la démarche et il est nécessaire d'aller plus loin. Il serait dommage que le CASH de Nanterre, héritier de son histoire, se spécialise dans le traitement des pauvres, dédouanant le reste des hôpitaux parisiens de leurs devoirs.

Mon constat tient en une phrase : l'hôpital est malade. Il ne remplit plus les services que le public attend obscurément de la médecine. Il est malade parce qu'il est, paradoxalement, plus qu'il ne l'a jamais été, performant. Un médecin ne peut que constater que les patients demandent de l'attention, ils veulent qu'on les écoute, qu'on les aide à porter le fardeau des jours dans leurs misères et leurs maux quotidiens. Ils veulent que l'on comprenne leurs soucis, comme savaient le faire les anciens médecins de famille, comme savait l'improviser l'hôpital quand il avait encore sa dimension d'hospice... Mais ils veulent aussi qu'on les soigne, en ce qu'ils sont également des machines complexes à réparer et à remettre en état.

C'est là bien sûr l'une des causes culturelles de l'essoufflement du système. Depuis La Mettrie, chacun sait qu'un homme est une machine, et toutes les conquêtes scientifiques et les réussites thérapeutiques le démontrent amplement. Mais les hommes sont convaincus aussi qu'ils sont également des êtres avec une destinée, et que les destins sont la manifestation du sens de leur existence. Dans cette mesure, ils cherchent aussi des explications irrationnelles. L'hôpital a pris une place vacante depuis le « désenchantement » du monde, la place du temple, puisqu'on y traite de tous les phénomènes liés à la vie et à ses mystères, et pourtant l'hôpital ne peut répondre à cette question d'ordre spirituel, moral et métaphysique. Il n'est pas conçu pour cela. C'est pourquoi l'on peut prédire qu'il va disparaître à terme, comme il a disparu sous son ancienne version à la Révolution. Il faudrait même l'aider à disparaître dans ce qu'il a tendance à devenir.

Mais, curieusement, c'est par un autre biais qu'il est ébranlé, parce que évidemment, dans un siècle apostat, on ne peut poser l'équation en ces termes sous peine de passer pour un utopiste. Il est ébranlé parce qu'il ne sait plus comment s'y prendre. Non que les soignants soient devenus pires que leurs prédécesseurs, au contraire. Pris dans les contradictions, ils manifestent encore plus de qualités et d'interrogations, mais ils n'ont pas à leur disposition les outils conceptuels et matériels pour faire face à des demandes sans précédent.

Quand, en 1991, on a décrété que la psychiatrie était une spécialité qui se traitait, comme les autres spécialités médicales, sur le mode du court séjour – c'est-à-dire que ledit séjour dans les services ne pouvait excéder quelques semaines –, on a renvoyé à d'autres structures le soin de s'occuper des déments à longueur de vie, puisque l'on ne pouvait plus rien pour eux, vu sous cet angle. Or, si l'on est un dément paisible, non dangereux et sans domicile fixe, on n'a aucune chance d'aboutir dans quelque abri que ce soit. Quand, dans les années 60, on a mis au point un mode de recrutement unique en son genre, efficace et pragmatique pour traiter des problèmes psychiatriques, qui s'appelait le « secteur », c'est-à-dire la division en zones de la ville autour d'un hôpital de référence, on n'avait pas pris en compte le nombre grandissant des sans-abri, ni les étrangers clandestins qui peuvent avoir, eux aussi, des problèmes de cet ordre, et qui n'appartiennent évidemment à aucun secteur. Or il faut diriger vers des hôpitaux « hors secteur » des gens justement sans domicile pour de longs séjours, désormais hors de la qualification psychiatrique. On imagine aisément la réaction d'un chef de service de l'un de ces longs séjours, se voyant attribuer pour une période indéterminée une personne démente, sans papiers et sans solution sociale ou familiale. Si cette personne a passé soixante ans, on peut dire que son cas est insoluble...

Combien de discussions âpres ai-je eu avec mes confrères psychiatres, qui me disaient – « mais c'est le bon sens même » – qu'ils ne pouvaient pas suivre des gens sans demande (dérive lacanienne, paraît-il, de la psychanalyse), ou sans possibilité... de suivi puisque justement trop errants pour se rendre aux rendez-vous des CMP [19], ou sans espoir de prendre régulièrement leurs médicaments, puisque tout ce qui est médicament psychotrope ou neurotrope est objet de *deal*, de convoitise et donc d'agression. Combien m'ont dit aimablement qu'ils faisaient de la psychiatrie et non du social? Combien m'ont reproché, lorsque mes arguments basculaient sur une pente revendicatrice, de vouloir en bon obscurantiste « rouvrir les asiles »? Ces gens, rétorquaient-ils, avaient droit à leur vie dans la cité. Pauvre vie, dans une cité sans merci! « Devant la mangeoire vide, les chevaux se battent », dit le vieux dicton. Le fait est qu'il n'y a plus beaucoup de solutions, et plus beaucoup d'argent... On ferme des lits qu'on ne peut plus entretenir. Et quand on est étranger, vieux et fou, que peut-on faire? Est-on dans la rue parce qu'on est « dérangé »? Devient-on dérangé à force d'être dans la rue? Comment rendre service à cette cohorte qui va grossissant? Et que deviennent les anciens sans ressources qui perdent la tête hors de tout recours familial? Où les envoie-t-on? vers quel havre? vers quelle oasis? vers quel secours? avec quel personnel? Rouvre-t-on des asiles, pour le coup? ou sont-ils restés entrouverts, et je ne le savais pas?

Certes, il doit y avoir des circulaires et des décrets... et des places possibles. Mais il ne se passe pas de jour à la consultation, et de nuit au SAMU social, sans que l'on rencontre ces cas, cent fois répertoriés, aux multiples séjours courts et répétés, et qui rôdent avec des souffrances sans solution à la charge de la cité... qui s'en charge si peu.

Et les toxicomanes, phénomène contemporain impossible à contrôler, au point que l'on envisage ici des procédures automatiques à la Méthadone et là une légalisation pour, prétend-on, tuer l'économie des substances défendues par analogie avec la prohibition de l'alcool aux États-Unis... Puissant raisonnement. Les toxicomanes, rejetés de tous, ne trouvent un instant de répit que lorsqu'ils sont incarcérés, non pour usage de stupéfiants, les juges ont également du discernement, mais parce que le tribunal les a incités à suivre une thérapeutique que l'on ne rencontre pas aisément à l'extérieur. Ce qui ne les empêche pas de retourner à leur sortie sur les lieux de leur dernier *deal,* faute pour l'institution de trouver le moyen de les soigner et de les réintégrer... Est-ce vraiment le moyen de lutter contre l'épidémie HIV, si on ne s'intéresse qu'à cet aspect? Où sont-ils, ces samaritains dévoués à la cause publique, qui les accueilleraient pour ce qu'ils sont?

Clochard, en argot du XIXe siècle, veut dire boiteux. Où et quand peut-on hospitaliser ces gens pour leur rééducation, quand on rejette de l'hôpital, faute de mieux, des malades avec un plâtre, en leur recommandant de bien faire leur injection d'anticoagulant sous peine de phlébite? Comment équilibre-t-on une hypertension ou un diabète dans la rue, et où sont les centres de cure de désintoxication alcoolique? Dans quel antre épluche-t-on et soigne-t-on des heures entières ces plaies inouïes qu'aucune consultation ne peut suivre, et où prend-on en charge les épisodes de grippe qui vous laissent avec quarante de fièvre à la rue pendant quelques jours? Comment soigne-t-on une sciatique, quand on n'a pas de lit où se reposer, ni de béquille pour marcher, et où trouve-t-on des lunettes quand on est clochard, myope comme une taupe, et qu'on a perdu les siennes un soir de cuite? Avec quoi mâche-t-on sa nourriture quand on a perdu ses dents au fil des ans, par incurie, ou qu'elles sont irrémédiablement gâtées – avec quel dentier?

En revanche, si l'on est polytraumatisé, on est hospitalisé dans les meilleurs services de réanimation, à des centaines de milliers de francs par jour. Si l'on est victime d'une artérite, on reçoit une greffe de Téflon avec les dernières trouvailles de la technologie, et le plus grand luxe de précautions en soins intensifs. Si l'on est brûlé, on bénéficie d'une greffe avec des perfections d'approche inouïes... et totalement hors de prix.

Les corps nus sous la douche le montrent. On ne va pas jusqu'à la greffe d'organe, tout de même, qui est réservée à la classe du dessus, mais tout le reste se pratique puisque les corps sont des machines que l'on peut réparer. On sait réparer. On ne sait pas prendre soin... C'est le signe du mépris. Je reconnais bien là les façons du Régent, « l'ange du Mal », celui qui veut vider de son sens la créature humaine et lui faire miroiter la santé et l'intégrité au prix de son avilissement. Ce sont là les termes de son contrat... un contrat de confiance, comme dirait l'autre! Et l'hôpital est l'un de ses plus beaux outils.

10

Pour une utopie réaliste...

Tous ces gens qui sont ramassés dans les rues de Paris et dans les couloirs du métro le sont au gré des passages des brigades de recueil pour sans-abri que l'on appelle « les Bleus », à cause de leur cotte de travail. Ceux de surface, la BAPSA, dépendent de la préfecture de police. Ceux du métro, de la RATP. Ce sont des troupes de police spécialement affectées à cette tâche, et tous sont volontaires.

La « chasse » aux clochards est diversement appréciée du public. Je confesse quant à moi que j'ai de la sympathie pour ces professionnels qui, à longueur d'année, recueillent ces hommes et ces femmes errants. Certes, ils sont les héritiers des forces de police qui, au siècle passé, appréhendaient sans grands égards les vagabonds, les mendiants et les gens « sans aveu » – telle était la terminologie. Mais au fil du temps, l'espace juridique dans lequel ils évoluaient est devenu plus flou, puis a disparu. Errer dans les rues n'est plus défendu, et la mission d'ordre public s'est effacée peu à peu pour une mission d'assistance. Il est bon pourtant que ce ramassage soit légitimé par la force publique, car je ne vois aucun autre corps officiel en mesure de l'effectuer.

Lorsque nous mettions en place le SAMU médical il y a plus de vingt ans, il fallait bien la collaboration de tout l'ensemble des systèmes de secours pour justifier l'arrivée sur les lieux, les soins, l'évacuation et le transport prioritaire vers l'hôpital. Police, pompiers, gendarmerie, CRS étaient à notre disposition, ouvrant la voie, parfois sans ménagement, et nous permettant également des trafics radio prioritaires. Par analogie, pour se saisir des personnes en difficulté supposée, il me semble que la police est tout indiquée – sous certaines conditions. C'est bien entendu sur ces conditions qu'il convient de discuter et d'être vigilant. Certes, il n'y a pas de justification juridique, sinon par le terme vague de « trouble de l'ordre public », à cette rafle qui pourrait se traiter localement, et l'on évolue avec ce concept dans une zone scabreuse. Mais, dans l'état actuel du dispositif, je regretterais que cette mission de police disparaisse. Elle rend de grands services.

Bien sûr, il est indigne qu'un libre citoyen soit coursé, pourchassé et incité parfois avec fermeté à monter dans des cars totalement inconfortables, sans aménagement sanitaire, qu'il se trouve entassé en vrac avec d'autres comme en une bétaillère, sans surveillance et sans ménagement, et trimballé des heures durant à travers Paris pour être déversé au CHAPSA de Nanterre sans le moindre « arrêt-pipi ». C'est même une atteinte flagrante aux droits de l'homme et du citoyen. Ce système doit évoluer.

Pourtant, c'est la seule chance pour bon nombre de ces personnes de rencontrer un jour une structure sanitaire, aussi bien pour l'hygiène (douche, changement de vestiaire) que pour des soins médicaux. Les lésions qu'ils présentent montrent le bien-fondé de ce ramassage. J'ajoute qu'à force des liens de proximité et de sympathie arrivent à se créer entre ramasseurs et ramassés, car les personnels sont loin d'être des brutes féroces et connaissent la finalité de leur travail. J'ai été personnellement le témoin de sauvetages réels, pour des personnes qui sans l'intervention des Bleus seraient mortes comme des chiens, dans l'indifférence de la ville. Et s'il est arrivé que quelques coups volent sur des individus particulièrement hostiles, agressifs ou totalement saouls, je le désapprouve fermement, mais ces incidents restent du domaine de l'exception. En général, les « ramasseurs » savent calmer les rituels d'agression et parviennent à empêcher le passage à l'acte.

Écrivant cela, je ne me fais pas l'apologiste de la police, et je regrette qu'il n'existe que cette solution, comme je regrettais, du temps où j'officiais en prison, que pour un grand nombre de jeunes gens en perdition l'incarcération soit devenue la seule occasion d'un contact médical. C'est un paradoxe, mais travailler sur le terrain oblige à être réaliste. Cela n'obscurcit pas mes facultés de jugement et mes aspirations de citoyen, mais il faut reconnaître que c'est ainsi, aussi absurde, aussi atroce que ce soit : les grands « exclus » n'ont pas d'autre chance pour recevoir de secours que ce biais. Avant de supprimer ces dispositions, il convient donc d'en mettre d'autres en place, car il s'agit finalement d'un vrai sauvetage pour des hommes en danger. Je le répète, c'est faute de mieux que je m'en contente, et il revient à la communauté de faire évoluer ce système... Mais le souhaite-t-elle? Quel lobby représentent les gueux? Sinon un argument pour quelques imprécateurs télévisuels, metteurs en scène à la colère évanescente d'une émotion aussi théâtrale que les images des reportages qui traitent de ce sujet.

Bien sûr, il y a des cas particuliers. Les « passagers » font la différence entre les Bleus et les « Rambos », comme ils les appellent, dont ils se plaignent souvent. Les policiers ne sont certes pas des assistantes sociales, mais à part les remarques bonhommes ou goguenardes, les moqueries, le recul dû à l'uniforme et ici ou là des froncements de sourcils, j'ai souvent observé chez eux une grande commisération pour ces êtres en difficulté qu'ils savent secourir. C'est vrai qu'à l'arrivée les cars qui ont tourné pendant des heures dans Paris sont dans un état répugnant, et des équipes de nettoyage sont obligées de les passer au Karcher [20]. Toutes sortes de souillures, vomissures, excréments et débris de bouteilles accompagnent dans une odeur atroce cette descente, et il n'est pas rare de trouver quelque corps allongé, ivre au-delà de toute description, ou une victime au nez éclaté par sa crise d'épilepsie. L'équipe médicale est appelée pour les premiers secours, et un brancard va conduire aux urgences les gens qui semblent les plus atteints.

La brigade des Bleus part de la porte de la Villette, elle fait le tour des terrains giboyeux, les portes de Paris, les gares – gare du Nord, gare Saint-Lazare, gare de Lyon, gare de l'Est... –, Maubert, les Halles, mais aussi de bien d'autres endroits réputés, tel le Châtelet. Et c'est là que l'on comprend la complexité du phénomène, car ces parcours institutionnels sont connus, et il arrive bien souvent que les « usagers », que l'on appelle aussi « clients » ou « passagers », loin de s'enfuir, se trouvent en quelque sorte à dessein sur le parcours. Si souvent beaucoup se plaignent, il en est aussi qui avouent : « J'ai attendu les Bleus », ajoutant même parfois : « Naturellement, ils étaient en retard », comme s'il s'agissait d'un service régulier... D'ailleurs il nous arrive de prendre des rendez-vous avec les malades en soins : « Vous monterez demain, avec les Bleus », s'ils ne souhaitent pas passer la nuit au CHAPSA.

Le problème réside plutôt à l'arrivée, lorsque les cars arrivent à destination. Ce sont des « hébergés », c'est-à-dire du personnel venu du centre d'accueil voisin, habillés en cottes orange, qui vont à leur rencontre et les font descendre pour les conduire à l'enregistrement, au déshabillage et à la douche. Un personnel en blouse blanche, détaché de la préfecture de police et affecté au CASH, supervise ces opérations; il s'agit de surveillants, chargés à la fois du service d'ordre et du dépôt.

Les frictions viennent de ce que les hébergés, le premier contact, sont parfois d'anciens clochards ou SDF. Projetés dans ces fonctions en tant qu'auxiliaires, ils sont chargés des pénibles besognes, ce sont des travaux faiblement rémunérés, qui leur ont été proposés dans un souci de réinsertion. Il est clair qu'ils traitent de ce fait leurs anciens compagnons de misère sans ménagement, comme ils furent traités jadis... Eux qui ont conquis une certaine surface sociale dans cette tâche d'accompagnement, ils ne sont pas formés à cette rencontre. Ils ont même horreur de l'image d'eux-mêmes qu'ils reconnaissent dans ces pauvres hères qui débarquent quotidiennement des cars avec une exhalaison d'enfer et, investis d'un minuscule pouvoir, ils ne manifestent pas forcément de tendresse pour ce qu'ils voient, et donc pour ce qu'ils étaient.

Quant aux blouses blanches, désignées par la préfecture pour cette mission d'ordre qui évolue au fur et à mesure que se dessine la nouvelle finalité de leur travail de secours et d'assistance, elles perdent leurs repères. Pendant des générations, ces surveillants ont été l'équivalent d'une police locale, chargée d'appliquer les règlements implicites d'une espèce de fonction carcérale qui tombait en désuétude, tandis que disparaissaient les articles de loi justifiant le ramassage. A mesure que les années ont passé, des liens complexes se sont tissés entre eux et les autres personnels de la maison, en écheveaux indémêlables, et ils restent actuellement crispés sur des positions corporatistes défensives, plus portés à la réglementation et à l'agressivité qu'au travail purement social. Mais je me garderai de généraliser : la plupart font leur travail on ne peut plus honnêtement. Les mutations dans les mœurs et habitudes sont souvent ressenties comme une souffrance et une frustration, surtout si la pédagogie est insuffisante, et cet accueil complexe contribue à l'impression de rejet, de brimade, d'incarcération et d'horreur associée aux « passagers ».

Mais quand on côtoie ces hommes et ces femmes chargés d'une tâche difficile dont ils ne perçoivent plus les contours, on comprend leur désarroi. J'ai lié des relations d'amitié sincère avec certains d'entre eux, qui manifestaient une intelligence de cœur, une compassion certaine pour les gens qu'ils avaient à encadrer. Comme à l'accoutumée, au-delà des pesanteurs, des habitudes et des règlements, quand ces fonctionnaires-là sont de service, tout se passe à merveille et l'on n'enregistre jamais de plainte. Malgré tout, dans l'ensemble, tout l'accueil est à reprendre car, au contact de la grande détresse, il convient de mettre de grands professionnels, aux gestes sûrs, aux missions claires et à la vocation certaine...

Il ne faut pas idéaliser le monde de la débine. La rue est féroce et les études *in situ* le démontrent, il n'y a guère de solidarité au dernier degré de l'exclusion, hormis le partage de la bouteille. Sinon le « chacun pour soi » est la règle, assorti de coups, de vols, de racket et de violence. Hommes et femmes, au-delà de toute assistance, sont seuls et traqués. En ville, les SDF dorment en moyenne trois heures par nuit, et encore, que d'un œil. Car cette vie, c'est la traque, pour des chaussures, un vêtement, de maigres affaires que chacun porte avec soi. Mettre en commun, dans de grandes unités, des hommes en simple survie depuis longtemps attire à tout coup des problèmes de territoire, de propriété, de revendications, de vols, sans compter que nombre d'entre eux présentent des troubles psychiques liés à leur exclusion. Cette chute ne suscite ni amitié ni partage... et les grands rassemblements dans des abris tels que le CHAPSA nécessitent une vigilance. C'est pourquoi il faut également conserver un personnel de surveillance, pour apaiser les conflits.

Les dortoirs du CHAPSA, faits pour accueillir deux cent quatre-vingt-dix-huit personnes, sont d'un autre temps. Les lits sont superposés, placés les uns à côté des autres en un empilement qui rappelle davantage on ne sait quel monstrueux goulag qu'un vrai centre d'accueil. Seul un minimum de soins a été apporté aux matelas de mousse et aux taies d'oreiller, les couvertures dataient de vingt ans. Cet aspect rébarbatif et repoussant, commun à tous les dortoirs de pauvres, frappe par son abandon, sa promiscuité, sa laideur, son manque d'aération, le peu de cas en somme que l'on accorde à ces hommes de passage. C'est là, bien sûr, que les « clients » attrapaient leur gale. C'est là également que se passaient parasites et poux, qui circulaient de foyer en foyer. Et pourtant, un peu de repos pouvait être pris malgré les vols, les disputes et les revendications, les saouleries, les coups et les expulsions. Les plus valides et les mieux organisés assaillent toujours les meilleures places, et une sorte de réseau interdit aux « nouveaux » l'occupation indue des lits qui se trouvent ainsi, par la force des choses, personnalisés. J'ai vu des gens passer la nuit debout malgré les lits vides, car ils étaient réservés par certains caïds pour leurs copains.

Ces dortoirs également ont contribué à la réputation de l'accueil de Nanterre, ce n'est pas étonnant. Le concept de ces grands dortoirs infernaux date du XIXe siècle, au début de l'ère industrielle, quand les paysans montaient à Paris et cherchaient n'importe quel asile de nuit pour s'abriter sans discuter. Pendant des années, ils n'ont guère évolué, aucune tutelle ne trouvant nécessaire d'améliorer le sort de gens qui ne se plaignent pas... et qui se plaignent d'autant moins que les places sont rares et que tout lit est une aubaine. Il n'y a qu'un avenir possible pour de telles structures : le bulldozer! Et que l'on quitte enfin le temps du mépris et de l'abandon. Les autorités du CASH en sont conscientes, qui ont mis en route la première tranche des grands travaux. Mais auparavant, il faudra régler les stratégies d'accueil pour ces gens, et dans ce domaine les choses sont loin d'être définies. Ce n'est pas à un établissement seul de savoir ce que l'on compte faire de ces exclus, et comment on va s'y prendre pour réintégrer dans la communauté ces hommes blessés et sans solution, ceux que la société rejette par des mécanismes pas même volontaires, automatiques.

De plus, ces stratégies ont un coût. Dans le cas de

Nanterre, la position particulière de l'institution le démontre. Tiraillée entre deux types d'administrations, et donc deux comptes d'exploitation, centre d'accueil et hôpital – qui n'a plus son rôle d'hospice, comme chacun sait –, elle reçoit par obligation ces personnes qui sont raflées dans Paris. Son activité ne concerne donc pas seulement – et de loin – la commune de Nanterre où elle est pourtant située. D'autre part la « maison » est bâtie sur le territoire d'un département, les Hauts-de-Seine, mais en tant qu'établissement parisien relevant d'une DDASS régionale, elle doit transmettre à la DASS d'État toute démarche budgétaire après approbation, tout en étant d'une certaine façon soumise à la DDASS parisienne... Cette position ne facilite pas l'attribution des crédits, ni de fonctionnement ni de rénovation. C'est pourquoi il faut, si l'on cherche à améliorer le sort des exclus, mettre en perspective le problème et se tourner vers l'autorité de l'État, si tant est qu'il lui en reste après la décentralisation. Lui seul doit avoir une politique transcendant les égoïsmes communaux, mus souvent par des considérations électorales, les régions n'étant pas à même d'avaliser des problèmes aussi embarrassants. A mon sens, lorsqu'il s'agit de grands problèmes, une politique nationale doit avoir la clairvoyance et l'autorité, et donc les moyens, pour imposer des solutions impératives. Le CHAPSA, héritier d'une situation archaïque, ne peut avancer sans être inscrit dans un grand dessein.

Chaque fois que l'on parle d'exclus, un serpent de mer émerge et montre sa tête baroque. Il s'agit de la réinsertion. Comme le droit commun son cousin, la réinsertion est une utopie que j'ai rencontrée au long de mon périple en prison, puis dans le monde de l'exclusion. Qui peut croire en un projet social, dans une société qui se défait, dans une culture qui ne sait pas inclure et laisse tant de gens, avec désinvolture, sur le bord de la route? Au pays du chômage et de l'abandon, tandis que l'on brade les personnels sociaux qui ne connaissent d'ailleurs plus leur mission, qui peut croire sérieusement à la réinsertion? Dans quel stage va-t-on placer les clochards, alcooliques, jeunes en effondrement social, toxicos, étrangers en situation irrégulière, zonards, petits psychotiques, tous ces jeunes acculturés, et toute la clientèle de gens désespérés d'avoir à errer et rôder aux seuil des instances qui ne cherchent qu'à les assister? Dans quelle filière informatique ou de reconversion professionnelle vont-ils pouvoir mettre leurs doigts tremblants pour retrouver le projet de citoyenneté? Ceux que je vois, et ceux que je traite, ne relèvent pas de cette mythologie. Il faut déjà les réintégrer dans le cœur des gens, les sortir de leur invisibilité, les détribaliser en leur offrant des lieux, des places, des accueils où ils devront apprendre à se voir dans la communauté des autres... Mais réinsertion, quelle sinistre farce! Quel mot obscène, pour de tels naufrages!

Comme ces sortants de prison qui ont appris la survie au prix de la violence, du mensonge et de la démagogie, qui ont durci leur cœur au point de méconnaître absolument l'existence d'autrui, à qui l'on n'a manifesté que mépris, abandon et goût de la réussite facile... La réinsertion? Elle n'existe que s'ils sont convaincus qu'il se prépare un projet où ils sont invités et partie prenante, un projet un peu élevé, un peu transcendant, qui les prenne aux tripes et qui exalte leur cœur, qui leur demande quelque chose de particulier, dont ils savent qu'eux et eux seuls, parce qu'ils sont ce qu'ils sont, avec leurs qualités personnelles, sont à même de le mener... Alors, ce sera le début de la réinsertion.

En attendant, on peut toujours les inscrire dans une équipe de basket et leur donner des tickets gratuits pour entrer dans les stades de football.

Les clients du CHAPSA, à leur arrivée, après avoir été inscrits sous le nom qu'ils veulent d'ailleurs – et c'est là une avancée, la police qui d'une certaine façon gère ce système ne cherche pas à contrôler les identités –, les clients donc se déshabillent, après avoir laissé au dépôt leurs objets de valeur, et confient leur « vestiaire », vestes, manteaux, pantalons, à une équipe qui va les passer à l'étuve. Si lesdits vestiaires sont trop immondes ou à bout de course, ils seront jetés. Puis, malgré ici ou là quelques résistances, les clients passent à la douche, une douche collective. Les visiteurs bien intentionnés et les journalistes de passage, raisonnant souvent sur un sentiment droit-de-l'hommiste de bon goût, fustigent cette douche prise en commun (hommes et femmes séparés, cela s'entend, et les femmes, d'ailleurs moins nombreuses, ont des douches particulières), en méconnaissant l'état particulier dans lequel arrivent parfois les passagers (ceux de 17 heures, par exemple, ou ceux de 23 heures sont très souvent totalement ivres), s'indignant sur la pudeur bafouée. Si seulement d'ailleurs la pudeur était bafouée, ce serait sans doute le signe d'une réconciliation avec le corps... Ils oublient les douches communes des casernes et des stades, mais surtout n'imaginent pas qu'avec le décrassage qui n'est pas un luxe s'opère un premier triage. Il y a toujours, au milieu du personnel d'assistance, quelqu'un de l'équipe médicale qui se livre à une première évaluation. Comme dans le cas des victimes en nombre, en temps de guerre ou de catastrophe, il faut à l'avant un professionnel averti, qui va « catégoriser » les urgences pour les adapter aux moyens mis à disposition par les équipes de secours (urgence immédiate, urgence potentielle, urgence retardée, urgence dépassée), en établissant en seconde intention une localisation géographique (crâne, thorax, abdomen, membres) avant de définir le type de lésions (conscience, ventilation, circulation, cadre osseux...). A l'instar de cette attitude pragmatique, pour ces gens qui arrivent par fournées, plus ou moins contre leur gré et en divorce d'avec leur propre organisme, on va susciter une demande de consultation médicale, selon une procédure implicite que notre personnel connaît bien. Troubles du comportement, problèmes dermatologiques, aspect des téguments, respiration, œdème, pansement, amaigrissement, etc. Ce point de vue se fait plus facilement en regardant les corps nus qui évoluent devant eux, tout en aidant aux manœuvres de décapage, et conduit environ vingt pour cent des quatre cents personnes journalières à la consultation. Soixante pour cent d'entre elles nécessitent immédiatement des soins infirmiers, vingt pour cent des consultations spécialisées, quatre à six seront immédiatement hospitalisées et, depuis deux ans, une à deux fois par semaine, on trouvera parce qu'on le recherche un cas de tuberculose. Une fois, aux douches, on a « trouvé » l'un de ces passagers ramassé totalement essoufflé. On l'a conduit aussitôt en réanimation. Il est mort la nuit même de sa tuberculose généralisée qui évoluait depuis des semaines dans la rue.

L'équipe médico-chirurgicale du CHAPSA s'est constituée peu à peu, à l'usage et par une sorte de cooptation. Elle fonctionne comme une équipe en mission, par le caractère particulier du travail, unie autour d'un projet qu'elle comprend et qu'elle accepte. Comme dans tous les endroits de grande souffrance, il a fallu mettre en place des mécanismes de protection, tels les groupes de parole et les staffs de réactualisation. Mais les infirmières y sont heureuses, je crois, car elles sont volontaires, et l'essentiel de leur travail repose quand même sur l'approche rassurante, la parole apaisante, le toucher, et surtout le temps... Davantage le *care* que le *cure,* comme le disent les techniciens...

La grande épreuve vient du fait que, lorsque sur ces corps mille fois agressés, mille fois traumatisés, on s'attache à reconquérir la cicatrisation, le tissu sain, ils disparaissent jusqu'à la prochaine capture. Cela rend humbles médecins et infirmières, et l'on comprend que les objectifs ne sont ni la guérison ni, encore moins, la réinsertion, mais simplement pouvoir soulager, soigner, comprendre et traiter pour une fois avec respect et déférence, sans affectation mais avec générosité et professionnalisme, ces pauvres corps en perdition. Adjointe à l'équipe, une structure sociale tente, avec des moyens accordés difficilement, de faire face à ce flux de demandes, à ces situations toujours complexes, toujours baroques, bien au-delà des ressources des personnes pourtant dévouées... et toujours dépassées.

La consultation du CHAPSA est un avant-poste de l'urgence de l'hôpital, et représente une sorte de plongée dans l'exclusion. La structure dépend des urgences et fournit entre vingt et trente pour cent, de tous les malades de l'hôpital. C'est le seul hôpital, à ma connaissance, qui possède ce dispositif, survivance des mœurs du passé, de ramassage systématique des exclus des soins... des exclus tout court. Il vaut la peine qu'on le défende. Il faut le défendre dans son principe, bien sûr, et non dans son état actuel. Il n'est pas bon que des citoyens soient ramassés de façon incitative uniquement par des forces de police qui ne leur laissent pas le choix, et l'on se doit de faire évoluer cette situation vers des procédures plus en accord avec le droit. Cela devrait être possible, même à court terme.

Ce système, qui va à la rencontre des gens en difficulté, rappelle irrésistiblement le concept apparu il y a plus de vingt ans et désormais passé dans les mœurs qu'est le SAMU (Service d'aide médicale d'urgence). L'idée tenait en trois mots : « l'hôpital hors les murs ».

On comprend qu'à l'époque où l'on attirait les plus grands spécialistes à l'hôpital en leur offrant les meilleurs moyens, des locaux, des postes et du matériel sophistiqué, il soit apparu évident de ne plus attendre que les grands malades et les accidentés parviennent, de façon aléatoire et incontrôlable, aux urgences. Il se passait trop de temps, trop d'intermédiaires intervenaient avec plus ou moins de bonheur (particuliers, police secours, pompiers, ambulanciers privés...) et le circuit des urgences au bloc opératoire était trop long et trop semé d'embûches pour que l'on ne cherche pas à rationaliser cette arrivée. C'est ainsi qu'est née l'idée du SAMU : l'hôpital enverrait à la demande de témoins fiables (médecin, police, CRS, gendarmerie...) une véritable salle de réanimation sur roues, avec tout l'environnement technique nécessaire et des professionnels de l'urgence. Cela se fit, et ce ne fut pas facile, mais l'opération aboutit. Si bien qu'aussitôt arrivé sur les lieux, on pouvait considérer que le malade était déjà hospitalisé, comme s'il avait été aux urgences, et on prenait tout le temps du déchoquage, des manœuvres de préparation pour, relié en permanence au PC par radio, pouvoir transporter l'accidenté vers l'endroit le plus proche et le mieux approprié. Le SAMU se présentait donc comme un PC opérationnel, qui enregistrait et traitait les demandes en envoyant un SMUR

(Service mobile d'urgence et de réanimation) auprès de la victime. Les renseignements retransmis permettaient alors de diriger au mieux, selon les lésions, le malade ainsi traité. Toute une doctrine s'est bâtie sur ce schéma, des procédures, des stratégies, des réseaux, des outils ont été conçus, et des professionnels entraînés. Cela a changé complètement la physionomie de l'hôpital, l'a fait évoluer sans doute sur un mode plus technique et, selon moi, n'est pas pour rien dans l'orientation qu'a fini par prendre l'institution. J'ai été, hélas, de ceux qui, d'une certaine façon, l'ont fait progresser en ce sens, en m'impliquant et me spécialisant, et en me battant pour faire avancer ces techniques.

Une fois l'accidenté préparé (« techniqué », disait-on dans notre horrible jargon), il fallait qu'il aboutisse quelque part. C'est ainsi qu'ont pu grandir les services de réanimation polyvalente, les soins intensifs, les salles de déchoquage, la chirurgie traumatologique, les banques de sang et, de proche en proche, tout un ensemble autour de l'urgence. Car, dans la foulée, on s'est également préoccupé de réanimation pédiatrique, néonatale, gériatrique, de réanimation médicale, et l'on a fait progresser la connaissance de cette pathologie des premières minutes après la crise ou l'accident. On peut dire que le SAMU a bouleversé le paysage de l'hôpital et l'a poussé (mais cela n'a pas été le seul facteur) à plus de spécialité, plus d'expertise... et sans doute moins d'humanité.

Par analogie, depuis des années (depuis 1982, je

crois, d'après un compte rendu du Conseil médical de l'établissement que nous avons retrouvé), à l'hôpital de Nanterre, compte tenu du mode d'arrivée des usagers et de l'état dans lequel ils arrivaient, une idée tenace rôdait dans bien des têtes de responsables, celle d'une sorte de SAMU appliqué au social.

Qui, le premier, dans les années 70, eut l'idée du SAMU? Les histoires parlent du professeur Lareng, à Toulouse, qui fut l'un des pionniers de la télé-médecine dès les années 56-57; d'autres avancent le nom du professeur Cara, à Paris, qui pour les besoins de la réanimation respiratoire envoyait d'hôpital en hôpital des équipes de réanimation avec leur matériel et en particulier des poumons artificiels, dès les années 60... Une idée aussi brillante et aussi complexe a sans doute eu plusieurs pères. Celui qui l'a le mieux comprise et développée fut le professeur Huguenard en 1972. Comme dit la sagesse populaire : « Une idée qui gagne a plusieurs pères, tandis qu'une défaite vous laisse fille-mère... »

Pour ce qui concerne le SAMU social, je ne revendique pas la création du concept lui-même. Il était inscrit dans nos pratiques et mes collègues en parlaient depuis longtemps comme d'une utopie. Mais toute ma vie professionnelle s'était déroulée dans le domaine de l'urgence, de la crise, de la catastrophe. Et je crois avoir contribué, non seulement au SAMU 94 où j'ai fait en quelque sorte mes premiers pas, mais également à Médecins sans frontières, durant toutes ces années de réflexion collective au cœur des actions les plus diverses, conflits armés, catastrophes naturelles et crises, à façonner des raisonnements et des savoir-faire. J'aime me réclamer de cette expérience unique, cette médecine de crise internationale, qui m'a donné le goût et les connaissances des opérations efficaces dans les situations d'effondrement et de précarité. Au CHAPSA de Nanterre, à l'instar de mes prédécesseurs, il m'est apparu évident qu'il fallait rationaliser le ramassage et le traitement des grands exclus, afin de prendre l'initiative que jusqu'à présent seule la BAPSA tentait empiriquement. Aussi me suis-je mis en tête, avec l'approbation du Conseil médical de l'établissement, de faire aboutir l'idée. Ainsi a pu voir le jour le SAMU social, un mot-monstre puisque le SAMU est un service d'aide médicale d'urgence, et que justement l'intérêt de ce dispositif était de négliger le médical et de traiter le versant social. Par là seraient à nouveau réconciliés le social et le médical depuis leur séparation dans le *Journal officiel,* certain jour de juin 1975.

Il a donc fallu décrire précisément l'outil, le faire valider par les experts en la matière, lui trouver un cadre et imaginer des financements, car nous n'étions plus dans les années bénies du SAMU, ces années où la santé n'avait pas de prix. On était au contraire dans les années de vaches maigres, les années de repli, les années où la santé avait un coût. Et si le SAMU avait si bien pu s'envoler lors de sa naissance, c'est que le service public payait sans compter. Si un système sanitaire privé avait eu à le réaliser, jamais, je crois, il n'aurait pu voir le jour.

J'ai conservé le terme SAMU social, à cause du concept de l'urgence et du service. Peut-être sera-t-on amené à changer ce sigle, mais depuis longtemps le public ne lit plus les initiales dans SAMU, il voit un substantif où il sent vaguement secours, ami, urgence... et de toute façon, le mot « social » déclare bien sa finalité. Qui est propriétaire du sigle? Le service public, à l'évidence. Si tout se passe bien, ce sera un jour au service public de trancher s'il peut faire usage, en déclinant vers le social, de ce néologisme qui lui appartiendra alors. J'ai trop longtemps servi au SAMU pour ne pas sentir légitime de jouer un peu avec les mots. Personne n'est spolié, mais il est vrai que ce terme recouvre de sa signification toute l'opération, et l'on peut dire que ce n'est pas par hasard. Sur les véhicules, par référence au SMUR, j'ai demandé que l'on écrive « Équipe mobile d'aide », et non pas d'« assistance »... d'aide, pour sa part multiforme et active.

La Caisse des dépôts et consignations est une banque qui développe des programmes d'insertion par le logement. Il était logique, puisque j'y avais un contact à un niveau élevé, que je la sollicite. J'ai trouvé là un accueil plus qu'intéressé, hospitalier, puisqu'une telle idée pouvait présenter une porte d'entrée au logement d'urgence. La Caisse avait l'habitude de travailler en partenariat avec la FNARS (Fédération nationale des associations de réhabilitation sociale), organisme qui fédère bon nombre de structures s'occupant de centres d'accueil, et la fondation Abbé Pierre qui est depuis longtemps concernée par les centres d'accueil. Ils se sont joints à nous. Mais j'ai demandé également à mon prédécesseur, Patrick Henry, qui avait ouvert l'antenne médicale du CHAPSA et qui désormais travaille à la RATP, aux opérations humanitaires pour les sans-abri (il est également, avec l'Armée du Salut, le responsable de l'opération « Atlas » qui trouve des solutions d'hébergement pour les SDF tous les hivers), de participer à notre réflexion. J'ai aussi sollicité « Domical », qui est une filiale de la Lyonnaise Santé, elle-même faisant partie de l'ensemble Lyonnaise des eaux de Jérôme Monod, dont je savais l'intérêt qu'il porte aux problèmes de l'exclusion. J'ai invité mon équipe, et bon nombre de mes amis qui, de près ou de loin, connaissaient l'urgence et les problèmes sociaux liés à la perte de domicile. Et, bien entendu, la préfecture de police, qui avait une longue expérience en la matière en tant que système de ramassage, a participé activement à ce *brain storming*. Nous avons travaillé et rêvé d'un SAMU social idéal. Si bien que « l'objet » a été peu à peu conceptualisé sur le papier.

Pendant ce temps, à Nanterre, à la demande de la direction, nous avons réfléchi, avec l'infirmière générale et la surveillante du service, Odile Gaslonde, sur les modalités de réception des usagers arrivés en urgence : les postes, les budgets, le matériel. Car, comme pour le SAMU, après avoir ramassé les victimes, il faut bien les conduire quelque part, et c'est sur ce quelque part qu'a porté la réflexion. Nous avons écrit un projet, celui-là même qui servit de cadre. Il fut présenté au conseil d'administration de l'hôpital, voté et accepté... Restait à trouver le financement.

Voilà comment est né le concept de lits d'infirmerie. Ce n'était pas, à vrai dire, un concept nouveau puisqu'il avait existé au temps jadis, mais il faisait figure d'OVNI dans le paysage hospitalier actuel car il en avait été banni près de vingt ans auparavant. C'était tout simplement un lit d'hospice où l'on pouvait recevoir des soins. Pour définir le lit d'infirmerie, on peut considérer que si les gens avaient un lit à eux ils pourraient faire venir l'infirmière pour changer leur pansement, ou le médecin généraliste pour suivre l'évolution de leur angine ou des petits bobos quotidiens. Ces lits concernaient donc ces malades que l'hôpital ne peut pas conserver, mais qu'on ne peut pas non plus laisser à la rue. Et nous le répétions sans cesse : il ne s'agit pas d'un hôpital pour pauvres, d'une hospitalisation de deuxième classe. Juste un endroit où rester quelques jours, en attendant que l'épisode aigu se passe, un endroit où rester pour se reposer un peu, un endroit où l'on puisse suivre une plaie, une petite lésion dermatologique, ou passer le cap d'une douleur... enfin surmonter les mille et une misères de la vie quotidienne que l'on affronte quand on a une chambre et un chez-soi, mais qui deviennent un calvaire quand on n'a rien et qu'on erre dans la rue. Ces lits d'infirmerie, nous les avons estimés, pour rendre vraiment service à la population des sans domicile en danger de Paris, dans une fourchette de cent cinquante à deux cent cinquante. Dans ces lits, on pourrait rester entre cinq et dix jours, en moyenne. Ils seraient gérés par des infirmières et des aides soignantes, avec l'aide d'une assistante sociale, et naturellement d'un médecin mais pour les superviser seulement, pour en décider l'entrée et la sortie, pour faire des visites de suivi et de routine. Ce seraient, au vrai sens du terme, des lits d'infirmerie comme il en existe dans les collèges, dans les casernes, dans les grandes communautés, où l'on reste vingt-quatre heures sur vingt-quatre en attendant de recouvrer ses moyens.

Le second outil, très nécessaire pour le SAMU social, se présentait sous la forme de lits d'hébergement d'urgence. Pas ces immenses dortoirs institutionnels qui montrent des queues lamentables de gens fatigués, dans certaines rues, tous les hivers, à leurs portes, où il faut s'inscrire à 18 heures et qui ferment à 19. Il ne s'agirait pas de ces usines à dormir, laides et entassées, tristes et nauséabondes, où il manque toujours le papier toilette et la serviette pour la douche, où on est livré à l'arbitraire d'un règlement corporatiste et à celui des petits chefs de bande, où le sadisme administratif vous met à la porte dès six heures du matin, selon des mœurs héritées du temps où il fallait se lever tôt pour chercher des petits boulots. Non, ce qu'il fallait, c'était des lits accessibles à n'importe quel moment, réservant un peu d'intimité, et où le minimum de confort et d'hygiène soit assuré. Gérés par des professionnels de l'accueil, ils seraient le premier maillon d'une chaîne qui conduirait à l'intégration, et ces séjours, pour les personnes amenées par le SAMU social, seraient de un à cinq jours. Nous avions estimé à cinq cents ces lits ouverts en permanence et tout le long de l'année.

Enfin, il fallait un PC pour enregistrer les signalements, les traiter, et envoyer à travers la ville des véhicules reliés par radio, avec chacun son secteur. A bord, des professionnels auraient eu à évaluer la situation, rendre compte au PC et diriger en fonction de l'état des postulants. Nous avons évalué au nombre de six à huit les véhicules pour la ville de Paris, et l'installation du PC devait, comme pour le SAMU son modèle, pouvoir être opérationnelle vingt-quatre heures sur vingt-quatre et sept jours sur sept.

Le SAMU social aurait été ainsi régulé par le PC, qui aurait eu à sa disposition l'accès à un deuxième niveau, où les gens, après entretien avec l'assistante sociale et examen de leur situation, auraient pu avoir droit aux structures pour quinze jours, quelques semaines ou quelques mois... ouvrant enfin sur un troisième niveau, qui pour le coup aurait représenté la véritable démarche de réinsertion par le logement, grâce aux HLM par exemple et aux efforts de la Caisse des dépôts, entre autres.

Ce dossier, ainsi monté, a suivi les voies hiérarchiques et les propositions sont allées vers la DASS, qui devait les transmettre aux ministères concernés. Évidemment tout cela avait un coût. Il apparaissait en dernière page... Il était important. C'est à ce moment que s'est produit l'événement qui a tout déclenché. Le bureau d'aide sociale de la Ville de Paris a eu connaissance de ce dossier, qui par ailleurs circulait auprès des décideurs. Il a trouvé le projet prometteur et l'a transmis plus haut. Par une série de rencontres, de hasards, mais de chances aussi, car des conseillers proches du maire de Paris l'avaient eu en main, Jacques Chirac a souhaité connaître précisément le projet de ce fameux SAMU social dont beaucoup de gens discutaient. C'est ainsi qu'un matin, entouré d'un aréopage de spécialistes du « social » de la Ville de Paris, j'ai été introduit auprès du maire lui-même, qui m'a écouté développer mes arguments. Il les connaissait bien sûr, pour avoir pris connaissance de l'ensemble du projet auparavant.

Écrire les propos qui ont suivi aura forcément une consonance politique, et ce n'est pas mon intention. Ce que je puis dire, c'est que j'ai rencontré ce jour-là un homme attentif et profondément intéressé par une initiative qui sortait des solutions habituelles. Il n'est pas bon de livrer la teneur précise de l'échange qui eut lieu, car il eut lieu de personne à personne. D'une certaine façon, il est resté très quotidien et facile. Je crois que cela devait toucher en lui un terreau intime, affectif, qui le concernait personnellement. L'expérience que j'ai des êtres ne me trompait pas, c'était un homme hors de son rôle et de sa fonction qui me parlait et m'interrogeait, en un questionnement sur la misère et le malheur, dans sa dimension de compassion et qui réagissait avec simplicité devant moi, sans mise en scène et sans calcul... Une vraie rencontre, pas même marquée par la séduction et sûrement pas dans une optique politique, mais par une compréhension de l'altérité qui m'a laissé, je dois le dire, étonné, surtout si l'on tient compte de mon itinéraire.

Puis la magie s'est dissipée et l'homme politique a donné ses instructions aux décideurs de la Ville, qui n'étaient pas bien loin. C'est ainsi qu'a pu voir le jour le SAMU social.

Certes, je ne nie pas qu'il soit né d'une décision politique et qu'il ait servi à sa façon un dessein politique. Mais quelle importance finalement puisque le montage technique était accepté? Qui récupère qui, dans ces conditions? Dans les années de fondation du SAMU, personne ne cherchait à savoir si le ministre de la Santé, Michel Poniatowski, avait ou non eu une arrière-pensée de communication. Elle était implicite puisque le slogan de l'époque était « tout est politique », même et surtout ce dont on prétend le contraire...

J'accepte ce parrainage que l'on a bien souvent pointé. L'hiver précédent, le ministre de la Santé et celui de l'Éducation, mais c'était un autre gouvernement, faisaient la surenchère devant les télévisions pour montrer à quel point ils trouvaient généreusement des solutions d'urgence, qui en ouvrant des écoles, qui en ouvrant la Sorbonne pour des SDF en perdition qui ne sont jamais venus, personne ne le leur reprochera. Je ne me place donc pas en position défensive et je reste un homme libre. Ce parrainage m'honore, parce qu'il est pour moi celui d'un homme de cœur, tel que je l'ai rencontré ce jour-là, dans la vérité d'un moment privilégié.

Actuellement, le SAMU social termine sa phase expérimentale. Il est nécessaire qu'il fasse encore ses preuves sur le terrain, de son utilité et de sa faisabilité. Il fut tout à fait opérationnel durant toute une année, mais des engagements sont déjà pris et des travaux engagés pour le pérenniser à long terme, à l'hospice Saint-Michel entre autres. Ni les stratégies, ni les formes définitives, ni les procédures ne sont encore clairement dégagées, et c'est normal. Il s'agit d'une entité nouvelle que les administrations concernées n'avaient pas prévue. Il repose encore sur les structures du BAS (Bureau d'aide sociale) et le détachement d'un certain nombre de fonctionnaires, et surtout sur le volontariat des travailleurs sociaux et des infirmières. Le CASH de Nanterre y participe avec ses propres infirmières, et ses médecins évidemment, et les partenaires qui ont été présents lors de son élaboration viennent ou vont venir renforcer les structures. Des médecins, proches, donnent généreusement leurs compétences et leur temps, nuit après nuit. Ce sont mes amis, les gens de ma « bande », comme on les appelle, mais cela me flatte. Ils sont de qualité! Des infirmiers militaires ont été affectés au système, des chauffeurs de la Ville de Paris renforcent ceux mis à disposition par la Caisse des dépôts, l'Armée du Salut, Emmaüs, la FNARS, quelquefois la Croix de Malte... Et, au début de l'opération, la Croix-Rouge de Paris, mais j'ai peur d'en oublier.. Tout cela fait qu'un très grand nombre d'institutions et d'associations se joignent à l'expérience. Mais surtout, l'Assistance publique de Paris, profondément préoccupée par cet aspect « hospice » qui manque cruellement à l'accès aux soins des plus démunis, a mis à disposition des cadres et du temps infirmier, mais également des lits d'infirmerie à l'hôpital Cochin. Le CASH de Nanterre, concerné au premier chef par cet effort, a réalisé la création de cinquante-deux lits d'infirmerie et attribué de nouveaux postes. La DASS, la région... tout un ensemble institutionnel suit attentivement la démarche et débloque au coup par coup les fonds nécessaires pour cette expérimentation que soutient la mairie de Paris. La volonté publique s'étant manifestée, elle agit comme un stimulant permanent et une garantie, car le SAMU social doit être pérennisé tout au long de l'année.

Naturellement, la RATP est partie prenante, et surtout la préfecture de police qui n'a cessé de m'envoyer des signes d'encouragement, depuis que, par l'intermédiaire de ses proches collaborateurs, le préfet de police réfléchit avec nous sur ces problèmes, qui ont relevé en d'autres temps de l'ordre public mais qui présentent de plus en plus une interrogation sur l'hygiène publique. Si, comme ce fut le cas jusqu'à présent à travers l'expérience de Nanterre, les investigations policières s'arrêtent au seuil des opérations de secours, on se retrouvera dans la situation du SAMU où la police était l'auxiliaire nécessaire et privilégié, mais seulement l'auxiliaire, s'effaçant devant la mission médicale. Je n'aurai pas l'innocence de croire que, lorsque l'on traite du social, on se cale exactement sur les mêmes schémas, mais le maître mot est l'urgence, et l'urgence aura, je l'espère, priorité sur toute autre considération. En tout cas il faudra y veiller.

A travers ce SAMU social, j'ambitionne de réhabiliter la vocation et la profession d'infirmière. Il n'est qu'à voir l'engouement et le nombre de demandes de mémoires et de stages, de conférences, manifestées par les infirmières et les élèves, pour comprendre qu'il se trame là une nouveauté qui risque de faire évoluer vers le mieux une situation où beaucoup d'entre elles se sentent mal à l'aise. Tout le dispositif repose en effet sur les missions dévolues à leurs compétences.

Quand le PC envoie, à travers Paris, vers les signalements de personnes en difficulté, des véhicules, il y a à bord bien sûr un chauffeur, mais aussi un travailleur social et une infirmière. Si l'une des missions est de se rendre auprès des cas signalés pour proposer une solution, l'autre mission est la « maraude », c'est-à-dire celle d'aller à la rencontre des personnes justement non signalées et que l'on pourrait croiser au hasard du chemin. Le véhicule a toute latitude pour traiter ces rencontres. Comme dans toute action hiérarchique – et il faut que cette hiérarchie soit apparente –, il y a un chef de bord, qui est l'infirmière, et sa décision en cas de litige est souveraine. Elle a trois consignes claires : évaluer, diriger, accompagner.

Évaluer et diriger : ce sera sur son jugement que la décision sera prise d'envoyer, vers telle ou telle structure, la personne signalée, en fonction de son état. Quatre cas s'offrent alors :

– Soit il s'agit d'une urgence vitale. Elle doit le signaler pour que le PC appelle le SAMU, rester auprès du malade en détresse pour pratiquer les gestes de sauvetage et baliser l'endroit.

– Soit il s'agit d'un problème médical, passé inaperçu ou sous-évalué par le malade, et qui nécessite le transfert aux urgences. Elle le signalera et dirigera vers les urgences de l'hôpital le plus proche le malade qu'elle va juger en danger. Et si un problème se pose, elle fera appel à son médecin de garde au PC (un de ceux de ma « bande ») pour qu'il engage un dialogue, de médecin à médecin, avec le praticien des urgences en question.

– Soit il s'agit d'un problème relevant des lits d'infirmerie. Les lits de Cochin et de Nanterre, et bien d'autres encore j'espère, seront à la disposition du SAMU social.

– Soit enfin il s'agit d'un hébergement d'urgence et elle décidera, avec le travailleur social qui l'accompagne dans le véhicule, et après référence au PC, de diriger le patient vers l'endroit le plus proche et le plus approprié.

Tout le temps du trajet, on parlera, on réconfortera, on accompagnera, et l'on tâchera de saisir au mieux les problèmes pour préparer la réception au Centre.

Pas de soins dans le véhicule qui n'est pas équipé pour cela, pas de médecin non plus... Cela deviendrait alors le SAMU du pauvre, triste répétition du SAMU tout court.

Les personnes signalées sont à convaincre, bien sûr, et non à monter de force dans les véhicules, mais leurs attitudes donnent une idée de leur degré d'organisation... Si elles se trouvent dans un coin abrité, installées en quelque sorte, avec tout un « barda » de survie, elles courent moins de danger que si elles semblent à l'abandon, à même le sol, dans un endroit venteux. Tout ce que l'on peut faire en ce cas est de leur offrir une couverture, éventuellement un café chaud, si les arguments n'ont pas été assez convaincants.

Le SAMU social ne fera pas disparaître les systèmes de ramassage de la RATP ni ceux de la BAPSA, mais sans doute les fera-t-il évoluer. Je rêve d'un *pool* commun d'infirmiers et de travailleurs sociaux dans tous les véhicules, qui partageraient cette mission, quelle que soit leur institution de référence. Il faut sans cesse se souvenir que le SAMU social est fait pour l'urgence, pour les gens qui sont trop exclus pour manifester une demande, et à qui l'on se doit de porter secours, peut-être en transgressant d'une certaine façon la liberté individuelle – c'est-à-dire le libre choix de l'abandon, si tant est que l'on ait le choix de se détruire. Cela pose des problèmes éthiques complexes, et déontologiques quasi insurmontables. Mais après tout, le SAMU a transgressé bien des dogmes en se portant au secours de gens qui n'avaient évidemment pas le libre choix du médecin, qui ne relevaient pas du « colloque singulier » et dont les diagnostics médicaux étaient loin de rester secrets, trois dogmes importants bafoués pour sauver des vies. Pour l'urgence sociale, il est certain que d'autres difficultés du même ordre, et pires encore, apparaîtront.

Enfin, le SAMU social va permettre de faire disparaître une curiosité : le traitement saisonnier des problèmes des SDF. L'État fait un effort annuel en finançant les associations qui abritent en urgence les gens sans abri, mais seulement de fin novembre à fin mars, considérant que les problèmes sont moindres après cette date. Les problèmes médicaux, y compris l'hypothermie, d'après l'expérience de Nanterre, surviennent pourtant au printemps et en été. Cette notion d'hiver administratif est aussi archaïque que l'ouverture des stations Champ-de-Mars ou Saint-Martin. Il faudra bien trouver autre chose.

Je rêve aussi d'un système d'abris pour l'urgence, qui conduirait de palier en palier jusqu'à l'intégration par le logement, que je classerais en trois périodes :
- la conquête de l'intégrité,
- la conquête de l'altérité,
- la conquête de la citoyenneté.

– La conquête de l'intégrité : le dernier degré de l'exclusion est celui où les personnes ont divorcé d'avec leur corps. Le mécanisme psychique est atteint et il faut des jours et des jours, des semaines et des mois de patience et d'apprivoisement, de soins répétés et attentifs, du toucher et des paroles d'apaisement, pour venir à bout de cette lésion, si l'on y arrive. En attendant, il est nécessaire de trouver des lieux de repos pour que les malades puissent passer leurs épisodes aigus, leur misère d'un moment. Les lits d'infirmerie représentent l'un des outils de cette démarche. Ils devraient exister dans chaque hôpital, en peu d'exemplaires certes, mais en réseau, et régulés par le SAMU social. Mais les lits d'hébergement d'urgence, ouverts jour et nuit et toute l'année, doivent également posséder des qualités qui sont loin d'être de mise actuellement. Ils doivent être faits pour l'urgence, c'est-à-dire ouverts en permanence, les premiers arrivés étant logés de façon à ce que les derniers venus ne les dérangent pas, avec suffisamment d'hygiène et de confort, mais avec un règlement tel qu'on ne s'y installe pas pour ne pas bloquer le système. Ils doivent être professionnels. Au contact de ces hommes brisés, parfois violents, parfois traqués, d'autres fois plus ou moins dérangés, ivres ou toxicos, ou totalement dépressifs comme c'est souvent le cas, il faut mandater de grands professionnels qui sauront rassurer, mais avec une calme autorité pour ne pas gêner les autres.

Chaque centre devra également avoir une ou plusieurs assistantes sociales pour la dynamique du système, car il ne faut pas s'incruster dans le précaire et le provisoire. Ce doivent être de petites unités en réseau. Les grandes unités ne sont pas gérables, elles sont livrées à la logique de la bande et du « caïdat ». Ces petites unités de trente ou quarante personnes, quand elles seront complètes, et ce sera sans doute l'une des missions du SAMU social, devront ouvrir sur une solution ailleurs, vers un centre homologue, par exemple. Un système de régulation s'avère nécessaire pour ensuite faire évoluer le niveau de l'urgence vers une structure plus stable à quinze jours, quelques semaines, quelques mois. Enfin, ces unités sont en relation avec les lits d'infirmerie et les urgences de l'hôpital, par l'intermédiaire du SAMU social.

On pourrait ajouter qu'elles doivent être esthétiques, puisque selon le père Wrezinski, fondateur d'ATD-Quart Monde, « le Beau est la première démarche vers la réinsertion ». Je le crois volontiers, connaissant nombre des abris actuels.

– Après la conquête de l'intégrité, vient la conquête de l'altérité. La vie dans la rue, c'est la chasse permanente, la solitude, la violence... Pour réapprendre l'autre, il faut vivre en commun. Dans les temps anciens existaient des hôtels garnis et des pensions de famille. Il faut réinventer avec les CHRS [21] des nouvelles pensions de famille, avec des coins pour se retirer mais des repas pris en commun, des services faits ensemble, vaisselle, ménage, courses, des « maisons » comme celle de « Mona cœur de femme [22] », bâties comme de petites unités mais qui réapprendraient la solidarité et la tolérance. Et pourquoi ne pas réhabiliter l'asile, non pour en faire un ghetto et un pourrissoir, mais un lieu d'accueil, avec des accompagnants, des parcs, des fleurs et des pièces d'eau, où l'on pourrait trouver un peu de chaleur et de communauté, à condition bien sûr de ne pas retomber dans la loi de 1838 qui le transformait en prison. L'asile au sens de l'abri, s'entend.

– Quand l'altérité serait retrouvée, l'on pourrait enfin songer à la conquête de la citoyenneté, avec des projets en commun. Je ne veux pas être utopique, réapprendre le compagnonnage et les campus ouvriers. Ce que je sais, pour l'avoir observé dans les bidonvilles à travers le monde, c'est que ces chantiers de misère, supprimés par la loi de 1970 et transformés en logements sociaux, ont la vertu d'être germinatifs. Ce sont eux qui font pousser la ville, les habitants trouvant des solutions d'entraide et s'échangeant des informations dans ces cahutes de rencontre. A Guatemala-City, les mères s'étaient constituées sous notre impulsion en brigades, et ces brigades de mères, pourtant très frustes, savaient lutter contre les fièvres, les diarrhées, et se donnaient des conseils pour l'éducation des enfants. Il y avait également des brigades d'hygiène, des brigades contre le feu, tandis que les hommes détournaient clandestinement l'eau et l'électricité pour toute la communauté, en les piquant chez les voisins. Certes, la loi de la cité n'était pas encore de mise dans ces quartiers nouvellement formés, des fils électriques se croisaient au-dessus des masures. La mairie, pragmatique, ne pouvant lutter contre ces vols, avait trouvé le moyen de faire payer quand même l'énergie. Elle calculait le prix à l'ampoule. Et le maire, faute de pouvoir expulser, avait fini par faire des lotissements que les gens pouvaient acheter avec un système de bourses, et ils devenaient propriétaires... Devenus propriétaires, ils amélioraient et embellissaient leur quartier avec l'aide des églises et des sponsors, ils exigeaient que les lignes d'autobus viennent jusque chez eux, pour envoyer leurs enfants à l'école et chercher du travail en ville. Des petits métiers s'improvisaient, et même une sorte de police s'était instaurée pour lutter contre les nouveaux immigrants! Les bidonvilles ne sont évidemment pas la solution du logement, mais à Guatemala-City la ville grandissait ainsi et, peu à peu, de nouveaux quartiers apparaissaient avec des citoyens fiers de leur petit « Sam'suffit » qu'ils amélioraient constamment. Ces paysans avaient gardé le sens de la communauté et regardaient la télévision ensemble dans le café du coin, pour les matches de foot, au lieu de s'enfermer chez eux.

– La ville doit absolument récupérer ces sortes de pôles germinatifs vivants que n'offrent pas forcément les logements sociaux dans les banlieues. Je ne suis pas urbaniste et n'ai pas de solution adéquate. Mais je crois qu'il faut faire vivre, à travers l'habitat, une « école » de citoyenneté. C'est le troisième point, cette utopie de la citoyenneté, et le plus compliqué. D'autres y réfléchissent, plus compétents que moi. Pourtant on devrait pouvoir mettre tous les efforts et expériences en perspective. Ce dont je suis sûr, c'est qu'il ne faut pas de système automatique. Plus on est exclu, plus on a besoin d'hommes vivants, en chair et en os, en face de soi... d'hommes que l'on peut nommer, reconnaître, engueuler ou remercier. Le territoire est la notion la plus archaïque, donc la plus sensible, la seule à laquelle il ne faut pas toucher. Elle est commune à tous les êtres vivants. Des hommes sans territoire sont des hommes perdus.

Tous les observateurs internationaux travaillant au milieu des crises connaissent les priorités pour secourir les populations en danger. Elles sont au nombre de quatre.

La première : mettre les gens à l'abri. Les sortir des contraintes des intempéries, et leur donner un endroit à eux, pour qu'ils s'y sentent en sécurité et s'y réfugient.

La seconde : leur assurer l'hygiène, pour se laver, pour évacuer les eaux sales, les ordures, les toilettes... et leur donner à manger et à boire aussi, cela va de soi.

La troisième : leur faire comprendre qu'ils sont légitimes, et leur donner un statut. En France, si l'on n'a pas de domicile, on ne peut avoir de carte d'identité. Le procédé est anticonstitutionnel, mais c'est ainsi. Il faut que tout un chacun sache qu'il est une personne, un être reconnu, enfin quelqu'un... C'est par cette reconnaissance que l'on devient avide de culture, de partage, et que la dynamique d'une ville reprend.

Enfin, la quatrième, mais ce n'est pas la plus importante : assurer la santé, l'accès aux soins.

Si l'on commence par cette dernière priorité, on est sûr de ne pas réussir. Comme je le dis souvent à mes jeunes camarades, en cas de crise les tuyaux sont plus importants que les docteurs, et les abris aussi importants que les tuyaux. C'est pourquoi l'hospice, à condition qu'il soit bien médicalisé, est l'avenir de l'hôpital.

Quand, en novembre 1993, par décision politique, le SAMU social a été annoncé alors que survenaient les premiers grands froids, ce fut un geste de sauvetage. Et bien que son schéma de fonctionnement ait été solidement étayé et explicité, bien que les partenaires, les bâilleurs de fonds et la structure d'accueil aient été prêts et opérationnels aux trois quarts de son ambition, ce SAMU répondait à l'urgence dans un moment de grande demande.

Sommé par le maire de Paris d'être lancé au plus vite pour raisons d'intempéries, alors que l'on en était encore à une montée en charge progressive de ses capacités, il n'avait pas atteint sa flotte définitive ni obtenu ses lignes budgétaires ni les postes bien sûr, et surtout il n'avait pas acquis d'expérience. Il ne put donc se définir, et c'était déjà un exploit, que comme « SAMU de nuit », de 21 heures à 5 heures du matin, considérant qu'il était plus aisé pour les personnes en difficulté de trouver des solutions dans la journée, et que les problèmes les plus difficiles apparaissaient dans le désert de la nuit. On installa le PC dans un dispensaire de la Ville, endroit d'exception qui put le supporter. On fit appel aux volontaires et bénévoles qui répondirent dans l'enthousiasme, et l'on se mit à l'œuvre.

Dès le premier soir, il fut littéralement pris d'assaut, non seulement du fait de sa nouveauté, mais également parce que les solutions d'abris dont il disposait étaient, par le confort et la disponibilité de l'accueil, de loin meilleures que toutes les autres sur la place de Paris. Parmi les difficultés inaugurales, peut-être y eut-il une manière de malice de la part d'une association. Elle tenta de le tester au moyen de ses « propres » sans-abri, qu'elle nous adressa sous forme des clients habituels de son dispositif personnel. Celui-ci se concrétisait sous la forme d'une halte au cœur d'un « endroit chaud », pour des discussions, du repos, des diagnostics et des accompagnements, mais certainement pas pour du logement. La concurrence humanitaire n'est pas une notion erronée, elle est rendue quasiment obligatoire par la manière dont sont financées les organisations non gouvernementales, à savoir l'appel à la générosité publique. Elles doivent sans cesse relégitimer leur action, avec la surenchère que nécessite l'information de ce type d'opérations. Le SAMU social, qui pourtant n'était pas une association humanitaire et se voulait service public, avait été vécu par cette association comme une sorte d'usurpateur, susceptible d'écorner son capital d'image, et qui plus est ressenti comme porteur d'une forte connotation politique. Elle nous envoya donc un grand nombre de demandeurs, pour qu'ils soient transportés et accueillis, parasitant d'une certaine façon nos installations d'urgence. Le but était, sans doute, de démontrer que le SAMU social n'était pas adapté aux besoins, et de le briser dès son apparition.

Le SAMU social risquait donc de tourner court... submergé par ces appels auxquels il fut pourtant donné des réponses, mais au prix du détournement d'une bonne partie de ses missions de sauvetage social en celle de « taxi social », afin de loger les personnes en difficulté sans cesse signalées. Les urgences de certains hôpitaux, qui refusaient, faute de place d'hospice, des hommes et des femmes sans solution, firent mine eux aussi de considérer le dispositif comme la réponse ultime à toute demande d'hébergement, exprimée ou non. Ils nous sollicitaient plus souvent qu'à leur tour... Le froid persistait, et ce fut une épreuve quotidienne.

Il faut souligner que le SAMU social survenait au moment de l'hiver où tant de gens rôdaient sans abri dans les rues de Paris, hormis ceux que l'État pouvait prendre en charge dans son effort saisonnier. Mais plus encore, il réalisait un « effet d'appel », puisqu'il représentait une initiative organisée qui, dès qu'elle fut connue par le moyen de panneaux d'affichage officiels aussi bien que par le bouche à oreille, attira spontanément des gens en quête d'un lit. Les médias ne manquèrent pas de signaler, pour la louer, cette naissance sujette à polémique, car les journalistes s'inquiètent avec beaucoup d'émotion de la grande pauvreté avec la chute du thermomètre, trouvent des hérauts et des porte-parole qui s'indignent, suscitent des levées de fonds... puis oublient, le printemps venu. Les médias n'ont pas de mémoire, cela est connu.

Les professionnels de la BAPSA, qui depuis vingt ans les recueillent, savent faire la différence entre ceux qu'ils appellent « zonards », clochards, marginaux, toxicos, et tous ceux qui, attirés par la grande ville, errent à la recherche d'un toit. Ils suivaient notre travail car, depuis le temps, à leur manière, ils étaient devenus sélectifs, ce que nous n'étions pas encore... Dans un service inventé pour l'urgence, toutes les situations auxquelles nous étions confrontés relevaient peu ou prou de l'urgence... Comment qualifier ces jeunes gens des pays nordiques, venus d'Angleterre, d'Allemagne, de Hollande, qui traversent l'Europe faisant de gare en gare des voyages nihilistes, sans autre but qu'une migration désespérée, sortes de routards du vide, témoins de l'effondrement des industries de l'Occident? On les reconnaît, aux alentours des stations, affalés ou assis, en petits groupes isolés, attendant à demi somnolents on ne sait quel signal... Comment nommer ceux, différents, qui se retrouvent à l'intérieur, nationaux, blancs, noirs, colorés, banlieusards bigarrés ou cosmopolites venus d'on ne sait où, de l'Est ou du Sud, que le personnel des gares qualifie d'« indésirables »? Ils ne cherchent rien dans cet espace tiède que des rencontres sentimentales ou vénales, des retrouvailles de bande, des trocs ou des négoces furtifs de toutes natures, de simple haltes ou des abris, profitant des installations d'hygiène... quand ils en profitent. Ils ne sont demandeurs d'aucun secours auprès d'aucune instance, sachant d'ailleurs qu'elle n'en aurait pas à leur proposer, leur statut ne le leur permettant pas. Ils recherchent uniquement ce « voyage » qui ne conduit plus à Katmandou, mais vers des regroupements qualifiés (mais par qui?) d'« ethniques » avec bien trop de simplicité raciale, cohésion de circonstance face à la misère ou à la violence, sous l'œil scrutateur des hommes de la sécurité.

Le SAMU social les croisait sur son chemin sans leur apporter plus de solutions que les autres, eux qui stagnent dans le dernier *no man's land* que représente l'espace public, désormais recours précaire pour ceux qui n'ont pas d'endroit à eux... Peut-on priver les gens d'espace public? sous quel prétexte? au prétexte qu'on ne s'y installe pas et qu'il n'est fait que pour circuler? au prétexte esthétique? « La ville est un paquebot », affirme l'architecte. Faut-il des entreponts pour les quatrièmes classes? Paquebot pour une croisière sans escale, la grande ville en grandissant a démonétisé les bourgs et les villages, pulvérisé le temps qui passe et les rythmes des cultures... Et pour eux la vie stagne en un vaste instant immobile où l'on s'assomme de refus, d'alcool et de tranquillisants. Il n'y a plus de champs au creux desquels passaient chemineaux et saisonniers. Il n'y a plus d'espace légal dans la mégapole, qui au mieux vous relègue dans quelque banlieue pour des logements précaires... sinon des « squats », générateurs de violence et de négoce clandestin, que la police surveille en y voyant des abcès de fixation du moindre mal, squats qu'elle évacue parfois en fanfare, pour quelque misérable expulsion ou opération coup de poing.

« Ô! les Babels enfin réalisées
Et cent peuples fondus dans la cité commune
Et les langues se dissolvant en une
Et la ville comme une main les doigts ouverts
Se refermant sur l'univers
... Toute la mer va vers la ville [23]. »

Pourtant, dans cet océan de misère, le SAMU social parvenait à tracer son sillage, guidé dans ses objectifs par ceux qui, nuit après nuit, en acquéraient le maniement. Il était fait pour les plus démunis, les exclus des exclus en quelque sorte, les illégitimes, mais il n'était qu'un outil, une simple « première solution » dans une stratégie d'ensemble qu'il s'agira de définir, avec d'autres hommes et d'autres compétences.

Souvent, l'urgence est le premier point d'entrée profane dans la démarche médicale. Par analogie, l'urgence sociale révélée par ce SAMU devenait une entrée possible pour ces êtres à l'abandon. Mais si l'on peut bien catégoriser les urgences médicales, la définition de l'urgence sociale reste encore à trouver.

Dans bon nombre de cas, ces urgences pointent des situations complexes, baroques et grotesques, mais la souffrance qu'elles entraînent empêche de les traiter sur un mode désinvolte : qui se chargera de considérer en réfugiés politiques ces Roumains, anciens partisans de Ceausescu, recherchés dans leur pays, ne pouvant évidemment pas se réclamer du droit d'asile en France? Ils rôdaient désespérément, sans un sou, relevant bien d'ailleurs de la définition du « réfugié politique », mais à l'envers de ce qu'on en comprend... comme y répondaient sans doute ces opposants de pays africains francophones et alliés, voire amis de la France, considérés grosso modo par notre diplomatie comme des démocraties sur un versant autocrate, tout de même... Le social et le politique dans ces cas étaient intimement liés au culturel, puisque les droits de l'homme, régulièrement bafoués dans ces pays, ne demeurent un combat que pour quelques organisations militantes et franchement d'opposition, négligées des médias, et donc inexistantes... En attendant, quel serait le statut de ces pauvres réfugiés? C'étaient pour nous des clients réguliers, quand ils se trouvaient clandestins, avec femme et enfants, livrés aux rigueurs de la rue.

L'effondrement ne s'est pas manifesté du jour au lendemain, et il y a longtemps qu'il couvait. Mais les administrations mettent du temps à se réformer, à inventer de nouvelles approches. C'est d'ailleurs dans leurs failles que se développent les actions caritatives, montées en épingle par les images et stéréotypes de la télévision sans cesse en quête de héros valeureux et pieux pour les incarner. Lorsque, dans les années 70, il y eut une réflexion fondatrice sur les prisons, des intellectuels, et non des moindres, se penchèrent sur le problème pour le mettre en perspective. Les prisons se réforment chaque fois que des politiques partagent le sort des « droits communs », comme ce fut le cas pendant l'Occupation, puis lors de l'épuration, enfin pendant les événements liés à la guerre d'Algérie. Mais en 70-71 s'ouvraient de nouvelles perspectives libérales, qui prétendaient changer la société, et des hommes créatifs portés par ces vents de changement se mirent à réfléchir sur le fait de « surveiller et punir »... On allait faire disparaître, ou du moins faire avancer ce « monde du dedans » que représentait l'incarcération. C'est à ce moment que la drogue se manifesta comme phénomène nouveau, et changea radicalement le peuplement des prisons, comme il fut modifié plus tard par le phénomène massif de l'immigration clandestine.

Le système médical, qui concernait des hommes et des femmes jeunes, somme toute en bonne santé, détenus pour des crimes et délits de droit commun, était avant ces faits bien suffisant par son saupoudrage et sa conception. Le médecin responsable de tout le dispositif, le docteur Fully, issu de la Résistance, avait une connaissance « vécue » de la prison, et il se trouvait à la fois responsable du système et inspecteur de ses propres services. Mais cela n'avait guère d'importance puisque la santé ne posait pas de problèmes insurmontables. Son successeur, après sa disparition tragique, continua son œuvre jusqu'au changement de gouvernement en 1981... En 1983, une inspection de l'IGAS bouleversa ce dispositif interne qui tournait en rond, en faisant dépendre de la DASS l'inspection de chaque établissement en matière de santé... Louable intention, geste politique généreux qui mit fin à un système replié sur lui-même... Mais l'administration n'eut jamais les moyens de son action car, par une sorte d'aveuglement, elle ne prit pas en compte les changements de mœurs, et surtout la modification profonde du peuplement carcéral. C'est ainsi que malgré l'explosion du phénomène de la toxicomanie, et l'apparition, dans les années 83-85, de l'épidémie HIV en France, les médecins généralistes exerçant en prison ne disposaient de guère plus de moyens qu'auparavant, en dehors de la psychiatrie constituée en secteurs, et des antennes dites de « toxicomanie » qui essayaient de s'attaquer au phénomène par le biais de sa déviation psychique. Il n'y avait pas eu de révolution culturelle en matière médicale, et l'hôpital, haut lieu de technicité, s'était détourné de ces patients-là au prétexte qu'ils n'entraient pas dans son champ de compétences. C'était l'administration pénitentiaire elle-même qui restait en dernière analyse le référent de tout acte et de toute dépense médicale, des postes qui n'étaient même pas individualisés dans ses budgets, d'ailleurs.

De temps en temps, les instances sanitaires de tutelle, les avocats, les médecins experts découvraient la contradiction de l'entreprise, évoquant le secret médical bafoué par définition, ou la réglementation généreuse non suivie d'effet, sans jamais entreprendre la démarche de fond qui aurait amélioré la situation. Malgré la bonne foi et la bonne volonté des magistrats en charge du problème, il régnait une myopie paralysante, qui un jour contribuera au scandale des prélèvements de sang dans ce milieu hypercontaminé; et le coup d'accélérateur à l'épidémie HIV sera donné par le corps médical lui-même, par l'intermédiaire de la transfusion...

Par analogie, on peut dire que les solutions d'hébergement sont restées parcellaires et à la charge d'organisations privées, difficilement financées par l'État, faute d'avoir pris la mesure d'un phénomène qui concernait une maladie de la civilisation tout entière. A l'entrée de l'hiver, classiquement, on dégageait des places en nombre suffisant, prétendait-on, sans se soucier de la qualité ni de l'entourage immatériel qui fait le vrai projet de l'insertion. Parfois on ouvrait une, voire deux stations de métro devant les caméras, quand on ne livrait pas les écoles... On en restait aux années d'équilibre, tandis que peu à peu se défaisait le maillage social et que le nombre des sans-abri augmentait, par une sorte d'aboulie institutionnelle, et par déportement sur l'humanitaire des droits et des devoirs de la fonction publique... l'ensemble racontant, par images syncopées et hivernales, une sorte de geste d'accueil et de réinsertion, mais qui avait un coût âprement discuté en négociations sans cesse répétées. En cas de crise économique, c'est le social (thème constant) qui est le premier remis en question... libéralisme oblige.

Or, en la matière, rien de significatif ne s'est jamais élaboré hors de la volonté politique d'un État qui sait a priori ce qu'il veut et a les moyens de le faire appliquer. Gauche ou droite, le problème ne se situe plus sur ce registre, mais plutôt sur le thème de la grande ville : la mégapole. C'est un phénomène universel qui se caractérise en quelques constantes. La plus visible est l'extension de l'habitat précaire à la périphérie; les centres-villes se dégradent et sont transformés en quartiers d'affaires ou en logements pour les habitants les plus fortunés. L'hypertrophie du secteur tertiaire, puisque désormais l'industrie lourde s'est effondrée, qui fournit des emplois bien trop spécialisés et chasse les petits métiers de subsistance, entraîne le surchômage, c'est-à-dire un phénomène qui ne peut aller qu'en s'amplifiant. Malgré cela, l'appel de la ville, irrésistible tant les changements de mœurs condamnent les campagnes, transforme les nouveaux citadins arrivant couche après couche en une immense marée difficile à endiguer. Tel est le mécanisme de la mégapole. Il s'accélère depuis les années 60 dans le tiers monde, mais les capitales occidentales n'échappent pas à ce phénomène mondial, et il existe désormais pour toute une génération, ici même, une population qui ne sera intégrée ni dans le monde du travail, ni dans celui du logement, ni dans la simple citoyenneté. Il faut donc inventer des systèmes sanitaires, des systèmes d'abris, des systèmes de santé tenant compte de ces grandes masses de population, plus ou moins acculturées et qui vont vivre de la ville et par la ville...

Il existe déjà des réseaux d'assistance cohérents, multiples, complexes, et cela empêche l'effondrement social des grandes misères de jadis, à l'instar de celle de toutes les *favelas* du monde. En France, on ne mourra pas de faim ni de maladie, mais la cité doit s'organiser pour faire face à cette pression, et notre solidarité doit s'habituer à cette cohabitation. Elle sera d'autant plus facile si l'on reconstruit un système de référence et une philosophie de l'Homme, ouverte sur la reconnaissance d'autrui. C'est probablement ce que veulent dire les experts, quand ils parlent de valeurs ou d'éthique.

Mais l'éthique est un mot trop galvaudé désormais, il est à la technique ce que les bonnes manières et le savoir-vivre sont aux comportements. Pour ma part, je préfère parler de morale. Quant aux valeurs concernant les hommes, elles n'ont rien à voir avec la modernité, elles ne se traduisent pas non plus en slogans mais se déclinent dans le Décalogue en termes métaphysiques. C'est en tout cas mon credo.

Il suffit de prendre le métro pour évaluer la faillite d'une civilisation qui croyait avoir maîtrisé ses problèmes de santé et se vantait de ses conquêtes sociales. La mendicité agresse le voyageur comme aux temps jadis, ne pouvant plus cacher le nombre de ses pauvres, de plus en plus ressentis comme une menace. Ils vont et viennent, mimant l'humanité, mais dans des attitudes clownesques et barbares, accompagnés de chiens parfois, ou échoués loqueteux sur des bancs. D'autres fois, ils ressemblent par des manières de chanteurs à des artistes déchus, venus quémander quelques pièces. Ils montrent des têtes hirsutes, patibulaires de fatigue, et d'une voix éraillée disent autrement : « Au secours! nous sommes invisibles! »

Il n'est pas d'homme politique qui n'évoque, à titre préventif, l'explosion qui se prépare, pas de sociologue qui ne montre des faubourgs sans âme où l'économie est intimement liée au trafic de drogue, où des jeunes gens cavalcadent et rôdent sans espérance de pouvoir jamais participer au projet de la cité, au bord d'une colère à peine contenue. Quand les beaux jours reviennent, de toutes les fenêtres ouvertes de ces ensembles sourdent les effluves sonores des grands événements catastrophiques du monde, et les futilités de la vie et des images.

Le soir tombe sur la ville. Je regarde ces bâtiments, j'imagine ceux qui les habitent... Bientôt, tous vont regagner leur lit, prendre un peu de repos, pour aborder demain un nouveau jour semblable. Les rues sont encombrées de voitures l'une contre l'autre, le long du trottoir, ou qui avancent en sinueuses processions d'insectes monstrueux; elles emportent vers leurs gîtes des hommes et des couples, pour une intimité de foyer, les retrouvailles d'une famille, les réunions devant la télé, ou des instants volés de distraction et d'oubli. Pour d'autres, la nuit sera longue, entrecoupée d'alarmes dans des abris de rencontre, anonyme et épaisse nuit dans la promiscuité des dortoirs, ou simplement un petit néant d'alcool au pied d'un mur, à même le trottoir, dans l'abandon d'un corps devenu trop encombrant. C'est le travail du Régent qui disloque le monde des hommes et fait croire le ciel silencieux. Les peintres médiévaux, quand ils représentaient l'enfer, l'imaginaient sur fond de flammes, de damnés et de créatures... Il était trop humain encore. Ils n'imaginaient pas la géhenne mécanique de l'abandon et de la solitude, dans la fausse familiarité des cités géométriques... L'absurdité de l'exclusion s'est installée, éloignant chacun de l'autre sans bruit et sans menace. Mais elle signe son origine et on ne sait pas, on ne peut même plus le savoir.

C'est bien. Voici donc venue l'époque où les anges vont avoir à se montrer à visage découvert...

> « Les grandes villes ne pensent qu'à elles-mêmes
> Et entraînent tout dans leur hâte dévorante,
> Elles brisent la vie des bêtes comme du bois

Mort et consument des peuples entiers dans leur tourment.
Et les hommes asservis à une fausse survie
S'égarent, ayant perdu le rythme de la vie.
Et parce qu'ils vont plus vite vers des bruits aussi vains,
Ils appellent progrès leur traînée de limace. (...)
Ils vont sans cesse obsédés d'un mirage
Qui les pousse hors d'eux-mêmes.
L'or règne en tyran et use toutes leurs forces
Et ce n'est que sous le fouet de l'alcool et des autres poisons
Qu'ils persistent dans leur agitation stérile.
Et les pauvres souffrent asservis sous ce joug
Et tout ce qu'ils voient les accable.
Ils sentent sur leur peau les frissons de la fièvre
Et rôdent dans la nuit comme des âmes en peine.
Ils sont rejetés avec tous les déchets des villes
Et engendrent le dégoût comme la charogne étalée au soleil.
Au hasard des rues tout les insulte et les rebute,
Le fard cynique des filles et le fracas éblouissant des voitures.
Mais s'il est encore une voix pour prendre leur défense,
Fais qu'elle sonne haut mon Dieu et qu'on l'entende.
... Où s'en est-il allé l'être de lumière, le rayonnant d'amour?

Et pourquoi les pauvres qui n'ont que leur espoir pour les guider
Ne voient-ils plus au loin son fanal dans la nuit?
Que ne se lève-t-il dans leur crépuscule,
Lui, l'étoile du soir de la grande pauvreté [24]. »

Notes

1. *Delirium tremens.*

2. Condorcet, *Discours de réception à l'Académie française,* 1782.

3. Apocalypse de Jean, extraits de la traduction de Dimitri T. Analis.

4. Ecclésiaste, 3.

5. Genèse, 3.

6. Job, 38.

7. La tremblante du mouton, inaccessible aux bovins, est soudain passée à la vache quand celle-ci est devenue carnivore, du fait des éleveurs qui lui ont fourni de la poudre de viande issue des abats de mouton, pour la faire grossir plus vite... De la vache à l'homme, une frontière franchie en fraude, raté allégorique de l'époque maastrichtienne!

8. John Briggs et David Peat, *L'Univers miroir,* éd. R. Laffont, p. 200.

9. D'après Languillon, *Précis de léprologie,* Masson.

10. Languillon, *op. cit.*

11. Lévitique, 13-14.

12. Claudine Herzlich et Jeanine Pierret, *Malades d'hier, Malades d'aujourd'hui,* Payot.

13. Lévitique, 16.

14. Comme le souligne Erwin H. Ackerknecht dans *La Médecine hospitalière à Paris,* Payot.

15. Centre d'hébergement et d'accueil pour personnes sans abri.

16. Centre d'accueil et de soins hospitaliers.

17. Nikos Kazantzakis, *Le Pauvre d'Assise,* Plon.

18. Genèse, 2.

19. Centres médico-psychologiques de secteur.

20. Produit nettoyant sous pression.

21. Centres d'hébergement et réadaptation sociale.

22. Association créée par Mona Chasserio, et qui a pour objet d'offrir des lieux de vie aux femmes exclues.

23. Émile Verhaeren, *Le Port, les villes tentaculaires.*

24. Rainer Maria Rilke, *Le Livre de la pauvreté et de la mort,* Actes Sud.

Table

1. Christ aux outrages 9
2. Le Régent de ce monde.............................. 25
3. Le pacte diabolique 53
4. Le démon du virtuel 69
5. En attendant l'Apocalypse 91
6. La tour de Babel... 109
7. L'éternel bouc émissaire............................ 133
8. Le baiser au lépreux.................................. 163
9. L'hôpital se moque de la charité............... 173
10. Pour une utopie réaliste... 193

Notes.. 245

« Paroles vives »

Le Jardinier, de Roger BICHELBERGER.
Jésus, fils de l'homme, de Khalil GIBRAN.
Paroles du Passant, de Jean SULIVAN.
De miel et de fiel, d'Alain CHAPELLIER.
Confiteor, de Bernard BESRET.
Le Moine et le Poète, d'Emmanuel MUHEIM.
La Contagion de Dieu, de Jacques PAUGAM.
L'Égypte intérieure ou les dix plaies de l'âme, d'Annick de SOUZENELLE.
Une vérité singulière, d'Yves PRIGENT.
La Conversion du regard, de Michel BARAT.
L'Unité maintenant, de Roger BICHELBERGER.
Fidèle rebelle, de Jean CARDONNEL.
Dernier avis avant la fin du monde, de Xavier EMMANUELLI.

Cet ouvrage a été composé
et achevé d'imprimer sur Roto-Page
par l'Imprimerie Floch à Mayenne,
pour les Éditions Albin Michel
en février 1995.

N° d'édition : 14477. N° d'impression : 37265.
Dépôt légal : février 1995.

Imprimé en France